0〜5歳児の 手あそび・うたあそび

保育で役立つ！

阿部直美　編著

ナツメ社

はじめに

　子どもたちは、手あそび・うたあそびが大好きです。0歳の赤ちゃんでも「アップップーッ」と、リズミカルに唱えるだけで笑顔を見せてくれます。保育の現場はもとより、家庭でも楽しんでほしいものです。

　乳児は、歌いながら手を合わせたり、肌をなでたりするスキンシップを好みます。肌がふれあうことで心が安定し、毎日を機嫌よく過ごすことができます。歌いかけても反応が顕著に出ないこともありますが、子どもは体全部を目と耳にして感じとっています。あせらずゆっくり、優しく語りかけるようにあそんでみましょう。

　指先が器用に動くようになる2・3歳児は、大人の動きを模倣することが楽しくなります。「まねる」という言葉が「まねぶ」になって「まなぶ」と変化したように、模倣は学ぶことの基礎になります。全部できなくても、まねしようとした部分を認めることでやる気の芽がぐんと大きく育ちます。

　好きな友だちができ、みんなであそぶ楽しさがわかる4・5歳児は、

　手あそび・うたあそびを通して、表現する楽しさやゲーム性のおもしろさを理解するようになります。また、自分で考えた歌詞や振り付けを工夫する力も出てきて、自主的に子どもたちだけであそぼうとするようになります。

　本書は、乳児期に体験させたい「わらべうた」から、今、保育の場で使われている人気曲まで幅広く網羅しています。これらのあそびは伝承されたものが多く、伝わっていく間に曲が変形することがありますが、元の作品のよさを知ってほしいと思い、できるだけ原曲を探して掲載しました。

　手あそび・うたあそびは小さなあそびですが、子どもの心をとらえて離さない魅力を秘めています。ピアノでも弾けるよう伴奏譜もついているので、ぜひ弾いてみましょう。

　みんなでいっぱい歌っていっぱいあそんで、笑顔の輪をひろげてください。

阿部 直美

ページの見方と本書の特長 10

1 アイコンで種類を明示

全身を使うあそびなのか、保育者といっしょにするあそびなのかなど、手あそび・うたあそびの種類をアイコンで示しています。

2 シーンに合った歌を見つけやすい

保育参観であそんだり、運動会の出し物にしたり、生活習慣について伝えたり…。保育の現場ならではの活用シーンを紹介しています。

3 特長がアイコンでひと目でわかる

どういったテーマの歌なのか、どんなことを楽しめるかなどの歌の特長がアイコンでわかります。歌選びの参考になります。

ふれあい	生活習慣	コミュニケーション	わらべうた
動きを楽しむ	数を楽しむ	リズムに合わせて	

4 あそびの前に

2人組になる、みんなで輪になって立つなど、あそびの前にすることを説明しています。

PART 7 ダンス チェッチェッコリ

● 活用シーン　運動会・みんなが集まる場に

チェッチェッコリ

● リーダーを1人決め、A（リーダー）とB（ほかの子）に分かれる。

1 チェッチェッコリ（チェッチェッコリ）

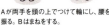
Aが両手を頭の上でつけて輪にし、腰を振る。Bはまねをする。

2 チェッコリサ（チェッコリサ）

Aが両手の手首を立てて前に出し、左右に2回振る。Bはまねをする。

3 リサンサ

Aが両手で太ももを1回打つ。

4 マンガン（リリンサマンガン）

Aが肘を曲げて、両手をあげる。Bは 3 、 4 をまねする。

5 サンサ

Aが両手で太ももを1回打つ。

6 マンガン（サンサマンガン）

Aが両手を後ろに伸ばし、上半身を少し曲げる。Bは 5 、 6 をまねする。

7 ホンマン

Aが両手を胸の前で交差させる。

8 チェッチェッ（ホンマンチェッチェッ）

Aが親指以外を握って親指を立て、外側へ2回振る。Bは 7 、 8 をまねする。

0歳児 / 1歳児 / 2歳児 / 3歳児 / 4歳児 / 5歳児

270

5 イラストで動きを解説

歌詞に対応して、イラストでていねいに動き方を説明しています。目で見てわかるので、振り付けを把握しやすいです。

4

6 あそびがひろがる アレンジアイデア

こんなあそび方も♪

年齢に応じて、動きをシンプルにしたり、より複雑な動きにして難しくしたり、アレンジしたあそび方を紹介しています。クラスに応じて、バリエーションを楽しみましょう。

7 おさえておきたい 知識やあそびのコツ

楽しむためのポイント

あそびが盛り上がるためのポイントや気をつけたい点など、知っておきたい情報を掲載しています。

8 探しやすい 対象年齢の表示

手あそび・うたあそびの対象年齢の目安を明示。ページをめくる際に対象の歌を探しやすくなっています。

● パート1〜3のインデックスについて

0歳児	パート1〜3の年齢別では、特におすすめの年齢をこの表示にしています。
1歳児	**こんなあそび方も♪** の対象年齢は、この表示にしています。

9 弾きやすい ピアノ伴奏つき楽譜

ピアノ伴奏用のアレンジがついた楽譜を掲載しています。クラスであそぶだけでなく、お誕生会など大勢であそぶ際にも活用できます。

10 パートに分かれて歌うときは

かけあいの歌など、パートに分かれる場合には、該当の歌詞を示しています。

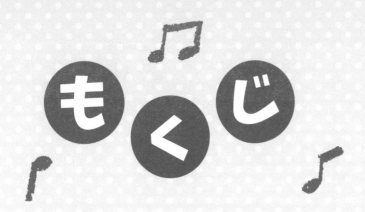

- ♫ はじめに ……………………………………… 2
- ♫ ページの見方と本書の特長10 ……………… 4
- ♫ 曲名索引 ……………………………………… 10
- ♫ 歌い出し索引 ………………………………… 12

- ♫ 手あそび・うたあそびの指導のコツを教えてください ……… 14

0〜5歳児 年齢別 手あそび うたあそび

- ♫ 年齢に応じた手あそび・うたあそびを教えてください ……… 18

PART1 0・1歳児

あかちゃん たいこ ……………… 24	おせんべやけたかな ……………… 38
ちょち ちょち あわわ …………… 25	だるまさん ………………………… 39
にんどころ ………………………… 26	とんとんどなた …………………… 40
ハナハナあそび …………………… 28	ペンギンさんのやまのぼり ……… 41
あがりめさがりめ ………………… 29	糸まき ……………………………… 42
ものはなさいた …………………… 30	もじょもじょかいじゅう ………… 43
ぼうずぼうず ……………………… 31	ころりんたまご …………………… 44
にんぎ にんぎ ……………………… 32	なっとうとうさん ………………… 46
おつむ てんてんてん …………… 34	みんないいこ ……………………… 48
鳩 …………………………………… 35	こりゃどこの じぞうさん ……… 49
いっぴきちゅう …………………… 36	大きなたいこ ……………………… 50
1本橋こちょこちょ ……………… 37	

PART 2 2・3歳児

こどものけんかに	52
おはぎがおよめに	54
ぞうきんつくろう	56
コブタヌキツネコ	58
おだんご ふたつ	60
キャベツは キャッキャッキャッ	62
まほうのつえ	64
おててを あらいましょう	66
とんでけバイキン	67
ちいさなはたけ	68
アイ・アイ	70
とうさんゆび どこです	72
ててて	74
どこでしょう	76
そらにかこう	77
1丁目のウルトラマン	78
のねずみ	80
いっぽんばし にほんばし	82
あたまのうえでパン	84
ひとつの指で できること	86
いっぽんと いっぽんで	88
かみしばいのうた	89
はじまるよったら はじまるよ	90
おはなしゆびさん	92
さかながはねて	94
てんぐのはな	95
おやすみなさい	96
Twinkle,Twinkle, Little Star	98
Row, Row, Row Your Boat	100

PART 3 4・5歳児

てを たたこう	102
なっとう	103
奈良の大仏さん	104
はちべえさんと じゅうべえさん	106
くいしんぼゴリラのうた	108
きんぎょちゃんと メダカちゃん	110
キャベツのなかから	112
きつねのおはなし	114
かなづち トントン	116
さあ みんなで	118
なぞなぞむし	120
木登りコアラ	122
おべんとバス	124
親子ドンブリ	126
たまごで おりょうり	128
おなべふ	130
茶ちゃつぼ	131
くもちゃん ゆらゆら	132
5つのメロンパン	134
いわしのひらき	136
じゃがいも 芽だした	138
いちにのさん	140
うさぎとかめ	142
おちゃらか	143
アルプス一万尺	144
だいくのキツツキさん	146
おおきくなったら	148
桃太郎	150
みかんの花咲く丘	152
竹やぶのなかから	154
どっちひいてポン	156
でんでら りゅうば	157
Head, Shoulders, Knees and Toes	158
Are You Sleeping?	160

保育の目的別 手あそび うたあそび

♫手あそび・うたあそびにはどんな効果があるのか教えてください……162

PART4 定番

- あたま かた ひざ ポン……166
- 大きな栗の木の下で……168
- むすんで ひらいて……170
- これくらいの おべんとばこに……172
- こどもとこどもが……174
- ごんべさんの赤ちゃん……175
- げんこつやまのたぬきさん……176
- パンやさんにおかいもの……178
- パンダうさぎコアラ……180
- 手をたたきましょう……182
- たまごのうた……184
- いっちょうめのドラねこ……186
- やおやのおみせ……188
- トントントントンひげじいさん……190
- 山ごや いっけん……192
- おてらのおしょうさん……194
- カレーライスのうた……196
- 幸せなら手をたたこう……198
- 10人のよい子……200
- グーチョキパーでなにつくろう……202

PART5 季節・行事

- ちっちゃないちご……204
- ことりのうた……206
- ちいさなにわ……208
- 茶つみ……210
- ずくぼんじょ……212
- かたつむり……213
- あまだれ ぽったん……214
- まねっこはみがき……216
- すいか……217
- すいかのめいさんち……218
- 松ぼっくり……220
- やきいもグーチーパー……222
- りんごちゃん……224
- こりすのふゆじたく……226
- おしょうがつのもちつき……228
- オニのパンツ……230
- しずかなよるに……233
- あくしゅで こんにちは……234
- あなたのおなまえは……236
- せんせいと お友だち……238
- バスごっこ……240
- ピクニック……242
- たんじょうび……244

PART 6 ゲーム

- かごめ かごめ……246
- ずいずいずっころばし……247
- おちた おちた……248
- むっくりくまさん……249
- ぞうさんとくものす……250
- じごく ごくらく……252
- かもつれっしゃ……253
- 花いちもんめ……254
- ことしのぼたん……256
- たけのこ いっぽん……258
- ことろ……259
- らかんさん……260
- なべなべ そっこぬけ……261
- えんそくバス……262
- フルーツバスケット……263
- London Bridge Is Falling Down……264

PART 7 ダンス

- たこさん たこさん……266
- おつかいありさん……268
- チェッチェッコリ……270
- ホーキ・ポーキ……272
- アブラハムの子……274
- ジェンカ……276
- ホ！ホ！ホ！……278
- アビニョンの橋の上で……280
- クロススキップのうた……281
- Seven Steps……282

♫ 対象年齢・アイコン早見表……284

曲名索引

あ
Are You Sleeping?……160
アイ・アイ……70
あかちゃんたいこ……24
あがりめさがりめ……29
あくしゅで こんにちは……234
あたま かた ひざ ポン……166
あたまのうえでパン……84
あなたのおなまえは……236
アビニョンの橋の上で……280
アブラハムの子……274
あまだれ ぽったん……214
アルプス一万尺……144

い
いちにのさん……140
1丁目のウルトラマン……78
いっちょうめのドラねこ……186
5つのメロンパン……134
いっぴきちゅう……36
いっぽんと いっぽんで……88
1本橋こちょこちょ……37
いっぽんばし にほんばし……82
糸まき……42
いわしのひらき……136

う
うさぎとかめ……142

え
えんそくバス……262

お
おおきくなったら……148
大きな栗の木の下で……168
大きなたいこ……50
おしょうがつのもちつき……228
おせんべやけたかな……38
おだんご ふたつ……60
おちた おちた……248
おちゃらか……143
おつかいありさん……268
おつむ てんてんてん……34
おててを あらいましょう……66
おてらのおしょうさん……194
おなべふ……130
オニのパンツ……230
おはぎがおよめに……54
おはなしゆびさん……92
おべんとバス……124
親子ドンブリ……126
おやすみなさい……96

か
かごめ かごめ……246
かたつむり……213
かなづち トントン……116
かみしばいのうた……89
かもつれっしゃ……253
カレーライスのうた……196

き
きつねのおはなし……114
木登りコアラ……122
キャベツのなかから……112
キャベツは キャッキャッキャッ……62
きんぎょちゃんと メダカちゃん……110

く
くいしんぼゴリラのうた……108
グーチョキパーでなにつくろう……202
くもちゃん ゆらゆら……132
クロススキップのうた……281

け
げんこつやまのたぬきさん……176

こ
ことしのぼたん……256
こどもとこどもが……174
こどものけんかに……52
ことりのうた……206
ことろ……259
コブタヌキツネコ……58
こりすのふゆじたく……226
こりゃ どこの じぞうさん……49
これくらいの おべんとばこに……172
ころりんたまご……44
ごんべさんの赤ちゃん……175

さ
さあ みんなで……118
さかながはねて……94

し
幸せなら手をたたこう……198
ジェンカ……276
じごく ごくらく……252
しずかなよるに……233
じゃがいも 芽だした……138
10人のよい子……200

す
すいか……217
すいかのめいさんち……218
ずいずいずっころばし……247
ずくぼんじょ……212

せ	Seven Steps	282
	せんせいと お友だち	238
そ	ぞうきんつくろう	56
	ぞうさんとくものす	250
	そらにかこう	77
た	だいくのキツツキさん	146
	たけのこ いっぽん	258
	竹やぶのなかから	154
	たこさん たこさん	266
	たまごで おりょうり	128
	たまごのうた	184
	だるまさん	39
	たんじょうび	244
ち	ちいさなにわ	208
	ちいさなはたけ	68
	チェッチェッコリ	270
	ちっちゃないちご	204
	茶ちゃつぼ	131
	茶つみ	210
	ちょち ちょち あわわ	25
て	て て て	74
	手をたたきましょう	182
	てを たたこう	102
	てんぐのはな	95
	でんでら りゅうば	157
と	Twinkle, Twinkle, Little Star	98
	とうさんゆび どこです	72
	どこでしょう	76
	どっちひいてポン	156
	とんぐけバイキン	67
	とんとんどなた	40
	トントントントンひげじいさん	190
な	なぞなぞむし	120
	なっとう	103
	なっとうとうさん	46
	なべなべ そっこぬけ	261
	奈良の大仏さん	104
に	にんぎ にんぎ	32
	にんどころ	26

の	のねずみ	80
は	はじまるよったら はじまるよ	90
	バスごっこ	240
	はちべえさんと じゅうべえさん	106
	鳩	35
	花いちもんめ	254
	ハナハナあそび	28
	パンダうさぎコアラ	180
	パンやさんにおかいもの	178
ひ	ピクニック	242
	ひとつの指で できること	86
ふ	フルーツバスケット	263
へ	Head, Shoulders, Knees and Toes	158
	ペンギンさんのやまのぼり	41
ほ	ぼうずぼうず	31
	ホーキ・ポーキ	272
	ホ！ホ！ホ！	278
ま	松ぼっくり	220
	まねっこはみがき	216
	まほうのつえ	64
み	みかんの花咲く丘	152
	みんないいこ	48
む	むすんで ひらいて	170
	むっくりくまさん	249
も	もじょもじょかいじゅう	43
	桃太郎	150
	もものはなさいた	30
や	やおやのおみせ	188
	やきいもグーチーパー	222
	山ごや いっけん	192
ら	らかんさん	260
り	りんごちゃん	224
ろ	Row, Row, Row Your Boat	100
	London Bridge Is Falling Down	264

歌い出し索引

あ
アーイ アイ（アーイ アイ）……………70
Are you sleeping,…………………160
あがりめ さがりめ………………29
あたま かた ひざ ポン………………166
あたまのうえで パン………………84
あっちから なぞなぞむしが やってきて……120
アブラハムには しちにんのこ………274
あまだれ ポッタン ポッタンタン………214
アルプス いちまんじゃく………………144
あんまりいそいで こっつんこ………268

い
いちと ごで タコヤキたべて………242
いちにのさん にのしのご………………140
いっちょうめの ウルトラマン………78
いっちょめの ドラねこ………………186
いっぴきちゅう もとにかえって………36
いっぴきの のねずみが………………80
いっぽんと いっぽんで ウシさんになって……88
いっぽんばし いっぽんばし………82
いっぽんばし こちょこちょ………………37
いと まきまき いと まきまき………42

お
おいで おいで おいで おいで パンダ……180
おおがたバスに のってます………240
おおきくなったら なんになる………148
おおきなくりの きのしたで………168
おおきなたいこ ドーンドーン………50
おおきなバスで ブッブッブー………262
おしょうがつの もちつきは………228
おせんべ やけたかな………………38
おだんご ふたあつ ころころりん………60
おちた おちた なにがおちた………248
おつむ てんてんてん………………34
おてーてを あらいましょう………66
おててを ごしごし………………67
おてらの おしょうさんが かぼちゃの……194
おなべふ おなべふ………………130
オニーの パンツは いいパンツー………230
おはぎがおよめに ゆくときは………54
おはなしでてこい せんせいのてから……89
おはなを かざる みんな いいこ………48
おべんとバスが はしります………124
おやこドンブリ おすしに べんとう……126
おやゆび ねむった………………96

か
かごめ かごめ かごのなかの とりーは……246
かってうれしい はないちもんめ………254
かなづち トントン いっぽんで トントン……116
かもつれっしゃ しゅっしゅっしゅっ………253
かわいい あのこは ○○ちゃん………236

き
キャベツのなかから あおむしでたよ……112
キャベツは キャッキャッキャッ………62
きんぎょちゃんと メダカちゃんは………110

く
くいしんぼな ゴリラが バナナを………108
グーチョキパーで グーチョキパーで……202
くもちゃん ゆらゆら すを つくります……132
くるくる まきまき けいとだま………233

け
げんこつやまの たぬきさん………176

こ
ここは とうちゃん にんどころ………26
こっちから きつねが でてきたよ………114
ことしのぼたんは よいぼたん………256
こどもとこどもが けんかして………174
こどものけんかに おやがでて………52
ことりは とっても うたが すき………206
ことろことろ どのこをとろか………259
このゆびパパ ふとっちょパパ………92
こぶた（こぶた） たぬき（たぬき）………58
こりゃどこの じぞうさん………………49
これくらいの おべんとばこに………172
ころりんたまごが おりこうで………44
ごんべさんの あかちゃんが かぜひいた……175

さ
さあ みんながみんなが あつまった……118
さかながはねて ピョン………………94

し
しあわせなら てをたたこう………198
じごく ごくらく えんまさんは こわい………252
じゃがいも めだした はなさきゃ………138

す
ずいずいずっころばし ごまみそずい……247
ずーくぼんじょ ずくぼんじょ………212

せ
せっせっせの よいよいよい………143
せなかの たいこを トン トコ トン………24
せんせいと おともだち………………238

そ
ぞうさんの はみがき………………216
そーろったそろった らかんさんが………260
そらに かこう ゆーびの えんぴつで………77
ソレ ズンズン チャッチャ………………136

た	たけのこ いっぽんおくれ	258	**ひ**	ひとつのゆびで できること	86
	たけやぶの なかから おばけが	154		ひとりのぞうさん くものすに かかって	250
	たこさん たこさん こんにちは	266		ひとり ふたり さんにんのよいこ	200
	たのしいメロディー わすれたときはー	278	**へ**	Head shoulders knees and toes,	158
	たまごを ポンと わりまして	128		ペンギンさんが こおりのおやまを	41
	だるまさん だるまさん にらめっこしましょ	39	**ほ**	ぼうずぼうず ひざぼうず	31
	たんたんたんたん たんじょうび	244		ぽっぽっぽ はとぽっぽ	35
ち	ちいさな にわを よくたがやして	208	**ま**	まつぼっくりが あったとさ	220
	ちいさな はたけを たがやして	68		まほうの つえですよ	64
	チェッチェッコリ (チェッチェッコリ)	270		まるい たまごが パチンと われて	184
	ちっちゃな いちごが いいました	204		まんまるすいかは おもたいぞ	217
	ちゃ ちゃ つぼ ちゃ つぼ	131	**み**	みかんの はなが さーいているー	152
	ちょち ちょち あわわ	25		みぎてあくしゅ ヤア こんにちは	281
て	てくてくてくてく あるいてきて	234		みぎてでポン ひだりてポン	156
	て て て にぎったて	74		みどりの もりかげに	146
	てをーたたーきまーしょう タンタンタン	182	**む**	むすーんで ひらいーて	170
	てをたたこう パン	102		むっくりくまさん むっくりくまさん	249
	てんぐの はなは ながいぞ	95	**も**	もしもし かめよ かめさんよ	142
	でんでら りゅうば	157		もじょもじょかいじゅう きたよ	43
	でんでんむしむし かたつむり	213		ももたろうさん ももたろうさん	150
と	Twinkle twinkle little star,	98		もものはな さいた	30
	とうさんゆび どこです	72	**や**	やおやの おみせに ならんだ	188
	ともだちができた すいかのめいさんち	218		やきいも やきいも おなかが グー	222
	どんぐり どんどん あつめたよ	226		やまごや いっけん ありました	192
	とんとん どなた こやのねずみ	40	**ら**	ラララ みぎあし だして	272
	トントントントン ひげじいさん	190	**り**	りんごちゃん りんごちゃん まだみどり	224
な	なっとう なっとう ねーばねば	103		りんごに みかんに バナナ	263
	なっとうとうさん つよいぞ つよい	46	**れ**	レッツ キック げんきよく	276
	なつも ちかづく はちじゅうはちや	210	**ろ**	Row, row, row your boat,	100
	なべなべ そっこぬけ	261		London Bridge is falling down,	264
	ならの ならの だいぶつさんに	104	**わ**	One, two, three, four, five, six, seven,	282
に	にんぎ にんぎ ひらいた	32		○○さん ○○さん どこでしょう	76
	にんじん たまねぎ じゃがいも ぶたにく	196			
の	のぼるよ のぼるよ コアラー	122			
は	はしのうえで たのしくうたおう	280			
	はじまるよ はじまるよ	90			
	はちべえさんと じゅうべえさんが	106			
	ハナハナハナハナ みみ	28			
	はりにいとを とおします	56			
	パンパンパンやさんに おかいもの	178			
	パンやに いつつの メロンパン	134			

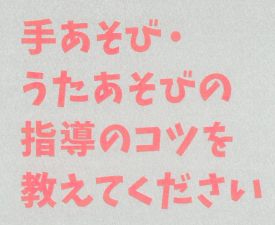

手あそび・うたあそびの指導のコツを教えてください

POINT 1
子どもの状況を見極めましょう

人気の手あそび・うたあそびだからといっても、いつでも子どもが受け入れるわけではありません。特に、乳児は発達に合ったあそびでなければついていけません。「保育者に向かって、さかんに手を伸ばすようになったからふれあいあそびをしよう」など、常に子どもの状況を見極めることが大切です。

POINT 2
まず保育者がリズムにのって歌いましょう

保育者が楽しそうに歌う様子は、子どもたちの心をひきつけます。乳児には少しゆっくり、幼児にはリズミカルに歌いましょう。手あそび・うたあそびは単なるあそびではなく音楽への興味や関心を育てるのに適した教材です。保育者は、歌をアレンジしたり、替え歌を作ったりする前に、**一度楽譜に目を通し、原曲のよさも知るようにしましょう。**

POINT 3
拍手しながら歌いましょう

手あそびの動作の基本は拍手です。保育者はまず歌いながら拍手をします。このとき、大きい拍手、小さい拍手、上で拍手、下で拍手といろいろな拍手を取り入れて歌います。これだけでも立派な手あそびです。手のたたき方は、たたいた手を止めるのではなく、たたいた手が外にまるく円を描くような打ち方をすると、うきうきした楽しさが伝わる拍手になります。

POINT 4
あそびに入る前にイメージをふくらませましょう

多くの手あそび・うたあそびは、保育者といっしょにすぐその場で覚えることができます。手軽に活用できる便利さはありますが、子どもたちはなんだかわからないままに動作をしているということもあります。「ちいさなにわ」なら、みんなで種まきをして芽が出た様子を観察してから、「桃太郎」なら鬼退治のペープサートを見てからなど、導入を一工夫してみましょう。

POINT 5
表現にメリハリをつけましょう

手あそび・うたあそびをより楽しむには、表現する力が必要になってきます。たとえば、「くいしんぼゴリラのうた」のゴリラのタマネギをむいたときの表情を想像し、自分なりの表現をしてみましょう。歌の中で1か所、印象に残るしぐさをすることで、詞の世界が浮かび上がり、メリハリがつきます。ただし、あまり何か所もしてしまうと焦点がぼやけてしまうので、やりすぎに注意しましょう。

0~5歳児

年齢別

手あそび
うたあそび

年齢に応じた手あそび・うたあそびを教えてください

音楽・リズムの年齢による発達

0歳児
- 音に反応する。
- 音のする方を向く。
- オルゴールの音を楽しむ。
- 「いないいないばあ」のようなリズミカルな言葉を喜ぶ。

1歳児
- 音に合わせて体を揺する。
- 相手のしぐさを模倣しようとする。
- 相手に合わせて手をたたいたり、全身でリズムをとったりする。
- ふれあいあそびを喜ぶ。

2歳児
- おもちゃの太鼓などをたたいてあそぶ。
- いっしょに歌おうとする。
- 相手のしぐさをすすんで模倣する。
- あらべうたの一部を覚えて歌う。

3歳児
- 手・足をいっしょに動かしてリズムをとる。
- 楽しんで歌う。
- 簡単なリズム打ちができる。
- 定番の手あそびなどを好んで行う。

4歳児
- 曲のリズムに合わせて拍手をする。
- 音楽に合わせて踊る。
- 簡単な楽器の演奏ができる。
- 季節の行事に関する歌を楽しむことができる。

5歳児
- 2拍子、3拍子、4拍子などのリズム打ちがわかる。
- 合唱、合奏ができる。
- 観客の前で歌ったり、演奏したりできる。
- 集団で行うリズムゲームを好む。

0歳児

体で感じ取る年齢

　赤ちゃんは、お母さんのお腹の中にいるときから、声を聞いているといわれます。生後すぐは、目はよく見えませんが、聴力が発達していて、声を聞き取ることができるのです。保育者は、赤ちゃんの機嫌のよいときに優しく歌いかけましょう。歌声のするほうを見たり、手足をバタバタ振ったり、音に反応します。音楽と仲よくなるきっかけを作りましょう。0歳児は、言葉で理解するのではなく体で感じる年齢です。なでたり、さすったりするあそびを通して、心の交流をはかり、安心感や信頼感を育てましょう。

1歳児

やってみたいが芽生える時期

　1歳児のころになると、子どもは動くもの、音のするものに特に興味を示すようになります。保育者が歌いながら手拍子を打つ手あそびをじっと見たり聞いたりし、そのうち模倣しようとします。全部できなくても、1つの振りだけでもやろうとする姿には1歳児の底力を感じさせられます。この「やってみたい」という気持ちを大切に受けとめて、保育者はゆったりと落ち着いた気分で子どもに語りかけるようにあそびの世界をひろげましょう。

2歳児　わらべうたが大好き

　大脳の筋肉運動中枢の分業体制を調べたワイルダー・ペンフィールド（1891～1976年）は、「手は外に出た脳だ」という言葉を残しています。それほど、手や指先の動きは成長期の子どもの脳を育てる役目をします。2歳児は手や指の動きが活発になり始め、物をつかむ、たたく、ひねるなど、自分の思い通りに動かす力が芽生えます。こうして、大人のしぐさを模倣する力が身についてくると同時に言葉の数も飛躍的に増えるので、歌う力も育ってきます。

　身振りと歌がいっしょになった手あそびは、子どもの大好きなあそびの1つとして歓迎されるようになります。この時期には、「わらべうた」のような日本語のリズムや抑揚のわかりやすいあそびを、折を見て子どもが満足するまで、繰り返し何度もあそびましょう。

3歳児

音楽・リズムがひろがる

　ハサミや箸が使え、ジャンケンのチョキが出せるようになるのもこのころです。何でも自分でやりたがり、大人の手出しを嫌がるようになり、手あそび・うたあそびも積極的に覚えてやろうとします。うまくできなくても覚えようとしたことを認め、ほめたり励ましたりするともっと頑張ろうとする気持ちが芽生えます。自分でできたことを「上手に手合わせができたね」「わあ！　速くなっても、間違えないでできたね」などと具体的な言葉をかけると、次のやる気につながっていくことでしょう。

　季節や行事にも興味を示すようになってきているので、梅雨のころには「かたつむり」など、関連性のある歌を選んで、季節や行事を深く理解するきっかけを作ることも大切です。

4歳児

友だちといっしょに あそぶ

　友だち関係がひろがり、自分の好きな友だちといっしょにあそぶことを好むようになるのが4歳児です。手や指の器用さ（巧緻性）がより高まってきます。ひとりで拍手をするより、友だちと向かい合って、手合わせで拍手をすることを好むようになります。詞の内容を理解し、そのおもしろさに気づき、単に保育者の動きを模倣するだけではなく、表現することの楽しさに目覚めてくるのもこのころからです。

　「○○ちゃんの金魚は本物みたい！」「くいしんぼうなゴリラさんが、本当に泣いているのかと思っちゃった」と、子どもなりの表現を認めることを心がけましょう。うたあそびで培った表現力は、物語を読み取る力や劇やダンスなどの基礎となるでしょう。

5歳児 ゲーム性のあるあそびにも挑戦

　人間関係の幅がひろがり、集団であそぶ楽しさを理解できるようになるのが5歳児です。違う考え方の友だちとも話し合ったり、譲り合ったりして集団をうまくまとめようとする社会性が目に見えて育ってきます。

　「みかんの花咲く丘」や「おしょうがつのもちつき」のような難しい曲に挑戦して、「わーい、できたよ！」という達成感が、子どもの気持ちを後押ししてくれることもあります。英語の歌にも挑戦し、外国の子どもたちも手あそびを楽しんでいることを話せば、世界に目を向けるきっかけになるかもしれません。また、文字や数に興味を示すようになるので、掛詞を多用した「すいかのめいさんち」や人数集まりゲームの「えんそくバス」などにも挑戦してみましょう。慣れてきたら元の詞をアレンジして、自分たちのクラスのオリジナルの替え歌を考えるなど創作する工夫をしても楽しいでしょう。みんなで作ったという楽しさが集団の結びつきを強くしてくれることでしょう。

PART 1
0・1歳児

月齢により、座る、立つ、歩くといった発達の差が大きい時期。子どもと保育者が1対1でふれあうことにより、発達を促すだけでなく、心が通い合う心地よさを実感することができます。

PART 1 ／ 0・1歳児 ／ あかちゃんたいこ ／ 0歳児 ／ 1歳児 ／ 2歳児 ／ 3歳児 ／ 4歳児 ／ 5歳児

😊 活用シーン　昼寝の前に

あかちゃんたいこ

保育者と　ふれあい

●子どもと向かい合って膝にのせる。

1 1番 せなかの…　トン トコ トン

子どもの背中を曲に合わせて、手のひらで軽くたたく。

2 おしりの…　トントコトントントン

お尻を手のひらでたたく。

3 2番 おなかの…　トン トコ トン

お腹を手のひらでたたく。

4 あかちゃん…　トントコトントントン

両手で子どもを支え、指先でたたく。

こんなあそび方も♪

♪体をトントコたたく

子どもと向かい合って座ります。保育者は歌いながら子どもの背中、お尻、お腹をたたいてあそびます。最後は「♪あかちゃんたいこ」を「♪○○ちゃんたいこ」と歌いましょう。

楽しむためのポイント

リズムに強弱をつけて

「♪トン トコ トン」の歌い方に強弱をつけ、合わせてしぐさにも強弱をつけます。お昼寝の前には、ゆっくりと優しくたたきながら歌いましょう。

あかちゃんたいこ

優しくリズミカルに　　　　作詞・作曲・振付／阿部直美

1. せ な か の
2. お な か の

たい こ を　トン ト コ　トン

お し り の
あ か ちゃ ん

たい こ を　トン トコトン トン　トン

24

😊 活用シーン　ふだんのあそび・保育参観に

ちょち ちょち あわわ

●子どもを後ろ向きに膝にのせる。

1　ちょち ちょち

子どもの手をとって2回拍手する。

2　あわわ

手のひらで口元を軽く3回たたく。

3　かいぐり かいぐり

グーにした手を上下にくぐらせてまわす。

4　とっとのめ

両手で目元を軽く3回たたく。

5　おつむてんてん

両手のひらで頭を軽く3回たたく。

6　ひじぽんぽん

片方の肘を曲げ、1回たたく。これを手を入れかえ繰り返す。

▲こんなあそび方も♪

♪輪になって親子であそぼう

保育参観のときに、保護者の膝の上に子どもが座り、輪になってあそんでも盛り上がります。ほかの子の動作を見ることは、子どもによい刺激となり、意欲を大きく育てます。

ちょち ちょち あわわ

活用シーン　食事の後・親子あそびに

にんどころ

●子どもを後ろ向きに膝にのせる。

1 ここは とうちゃん にんどころ

子どもの片方の頬を軽くつつく。

2 ここは かあちゃん にんどころ

もう片方の頬を軽くつつく。

3 ここは じいちゃん にんどころ

おでこを軽くつつく。

4 ここは ばあちゃん にんどころ

あごを軽くつつく。

5 ほそみち ぬけて

鼻筋を軽くなでる。

6 だいどう

顔全体を、円を描くようになでる。

7 こちょこちょ

脇の下をくすぐる。

こんなあそび方も♪

♪食後の顔拭きタイムで

食事の後に、ぬれタオルで顔を拭くときにあそびます。「♪とうちゃん…かあちゃん」は両頬を、「♪じいちゃん」でおでこを、「♪ばあちゃん」で口のまわりを、「♪ほそみち…だいどう」は、鼻から顔全体を拭きます。

♪動物の名前におきかえてあそぼう

歌詞を動物の名前にアレンジし、おきかえてあそびます。「♪ここは ウサギに にんどころ」で耳をひっぱり、「♪タヌキに にんどころ」でお腹をたたきます。「♪キツネに にんどころ」では、両目尻を指で優しくつりあげてあそびましょう。

楽しむためのポイント

顔あそびの代表的な「わらべうた」を知ろう

わらべうたには、顔をいろいろなものに見立ててさわる「顔あそび」というジャンルがあります。その代表的なものがこの曲です。

「♪にんどころ」は「似たところ」。「♪だいどう」は「大きな道」と「大切な童（わらべ）」の掛詞。語りかけるように歌います。

にんどころ

活用シーン ふだんのあそび・昼寝の後に

ハナハナあそび

●子どもを後ろ向きに膝にのせる。

1 ハナ ハナ…ハナ みみ

人差し指で子どもの鼻を4回つついた後、耳をさわる。

2 みみ みみ…みみ くち

耳を4回さわった後、口をさわる。

3 くち くち…くち ほっぺ

口を4回さわった後、頬をさわる。

4 ほっぺ ほっぺ…ほっぺ め

頬を4回さわった後、目のふちを軽くさわる。

こんなあそび方も♪
♪慣れると子どもが自分でさわる
子どもが座れるようになったら、保育者と子どもが向かい合って座り、あそびましょう。繰り返してあそぶうちに、子どもが自分で自分の鼻をさわるようになります。そうなったら、ゆっくり歌いましょう。

楽しむためのポイント
言葉をはっきりと歌おう
同じ言葉を何度も繰り返す歌詞なので、顔の名称と部位を自然に覚えられます。ひとつひとつの言葉を保育者がゆっくりと歌うことで、鼻、耳、口がどこにあるのかわかるようになります。

ハナハナあそび

急がずに　　　　　　　　　　　　　　作詞・作曲／佐倉智子　振付／阿部直美

😊 活用シーン　昼寝の後・親子あそびに

あがりめさがりめ

保育者と
わらべうた

● 寝ている子どもと向かい合う。

1 1番 あがりめ

子どもの目尻を保育者が人差し指でつりあげる。

2 さがりめ

目尻をさげる。

3 ぐるっとまわって

目のまわりに円を描く。

4 ねこのめ　2番…とっとのめ

目の両端をひっぱる。2番は1番と同様。4 のみ目の両端を中央に押す。

こんなあそび方も♪

♪「♪ねこのめ」をアレンジ

2歳児からは「♪ねこのめ」の歌詞をアレンジしてあそびましょう。「♪パンダのめ」「♪キツネのめ」「♪メガネのめ」「♪おひめさまのめ」など、子どもたちと振りも考えてあそびます。

おひめさま

楽しむためのポイント

お昼寝の後には優しく歌おう

お昼寝の後に、優しく顔をさわってめざめを促す1曲としてぴったりです。

「♪とっとのめ」はニワトリをさします。

あがりめさがりめ

♩=80 あそびのテンポで　　　　　　　　わらべうた

PART 1 ／ 0・1歳児 ／ もものはなさいた ／ 0歳児 ／ 1歳児 ／ 2歳児 ／ 3歳児 ／ 4歳児 ／ 5歳児

活用シーン　昼寝の後・保育参観に

保育者と

わらべうた

もものはなさいた

●寝ている子どもと向かい合う。

1 もものはなさいた
人差し指で子どもの両頬を2回ずつつつく。

2 すみれそうもさいた
両目のふちを2回ずつつつく。

3 バラのはなさいた

口元を4回つつく。

4 はちきてブンブンブン

両方の耳をつまみ、4回軽くひっぱる。

こんなあそび方も♪

♪花をバラエティー豊かに

「〇〇ちゃんのお顔にいっぱいいろんなお花が咲いたよ」と話します。1回目は楽譜通りに歌い、2回目は「♪タンポポ」「♪サクラ」「♪チューリップ」などと歌いかえて楽しみましょう。

楽しむためのポイント

顔にふれるあそびはタイミングが大切

「〇〇ちゃんのお顔にお花が咲いたね！」などとあそびの始まりを予告すると、顔にさわられることに慣れていない子にも安心感を与えることができます。子どもの心が安定しているときを選びましょう。

もものはなさいた

語りかけるように　　　　　　　　　　　　　　　　　　　　わらべうた

もものはな　さいた　すみれそうも　さいた

バラのはな　さいた　はちきて　ブンブンブン

😊 **活用シーン** おむつ替えの後に

ぼうずぼうず

保育者と / わらべうた

● 子どもを後ろ向きに膝にのせる。

1 ぼうずぼうず ひざぼうず

子どもの膝小僧をなでる。

2 ○○ちゃんのぼうず

名前を入れて歌いながら膝小僧を軽くたたく。

3 こんにちは

膝小僧を持ち、いっしょにおじぎをする。

こんなあそび方も♪

♪おむつ替えを楽しく

おむつ替えの後、子どもを寝かせたまま歌ってみましょう。子どもの両膝をなでたり、たたいたりした後「♪こんにちは」で両足を顔のほうまで持ちあげるなど、スキンシップを楽しみましょう。

♪こんにちは

楽しむためのポイント

最後はゆっくりと歌おう

「♪こんにちは」はゆっくりと歌い、大きくおじぎをしましょう。食後のリラックスした時間に語りかけるようにあそんでも効果的です。

ぼうずぼうず

♩=100 優しくリズミカルに　　わらべうた

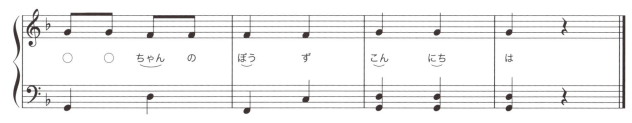

PART 1 ／ 0・1歳児 ／ ぼうずぼうず ／ 0歳児 ／ 1歳児 ／ 2歳児 ／ 3歳児 ／ 4歳児 ／ 5歳児

31

😊 活用シーン　ふだんのあそび・親子あそびに

にんぎ にんぎ

● 子どもを後ろ向きに膝にのせる。

1 【1番】 にんぎ にんぎ

子どもの両手をグーの形にして2回上下に振る。

2 ひらいた

両手をパーにひらく。

3 おつむ てんてん

両手のひらで頭を軽くたたく。

4 ひじ ぽんぽん

左手を曲げ、右手で肘を軽くたたく。

5 【2番】 にんぎ にんぎ

1と同様にする。

6 ひらいた

2と同様にする。

7 おでこ でこでこ

おでこを軽くたたく。

8 ひざ ぽんぽん

膝を軽くたたく。

こんなあそび方も♪

♪年齢ごとにあそび方をかえよう

0歳児前半は「♪にんぎ にんぎ ひらいた」の4小節だけを繰り返します。0歳児後半は保育者が後方から手を添えてあそびます。1・2歳児は保育者と向かい合って座り、保育者のしぐさをまねしましょう。

♪立てるようになったら ダイナミックにあそぼう

立つことができるようになったら、保育者の足の間に立ってあそびましょう。

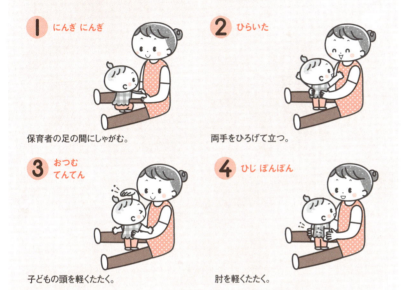

1. にんぎ にんぎ — 保育者の足の間にしゃがむ。
2. ひらいた — 両手をひろげて立つ。
3. おつむ てんてん — 子どもの頭を軽くたたく。
4. ひじ ぽんぽん — 肘を軽くたたく。

楽しむためのポイント

手の開閉は保育者が援助しながら

「♪にんぎ」は「握る」という意味です。
子どもが自分の意思で指を開閉できるようになるまでは、保育者の手を子どもの手にかぶせるようにしてあそびましょう。保育者の手の動きを、子どもが実際に感じることによって、少しずつ握り方がわかるようになります。

おててを にぎろうね

にんぎ にんぎ

明るくリズミカルに　　　　　　　　　　　　　　わらべうた

1.2. にん ぎ にん ぎ ひ ら い た

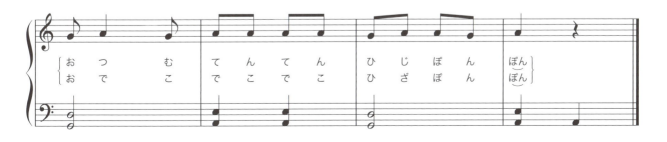

お つ む　 てん てん　 ひじ ぽん　 ぽん
お で こ　 でこ でこ　 ひざ ぽん　 ぽん

PART 1　0・1歳児　おつむ てんてんてん

活用シーン　ふだんのあそびに

おつむ てんてんてん

保育者と ふれあい

● 子どもと向かい合って座る。

1 1番 おつむ てんてんてん

保育者が両手で頭を軽くたたき、子どもがまねをする。

2 いない ないない ないない

両手で顔を隠す。

3 バァ　2番 ほっぺ ぽん…

両手をひらいて顔を出す。2番の①は両手で軽く頬をたたく。②以降は1番と同様。

こんなあそび方も♪

♪ハンカチを使ってあそぼう

保育者はハンカチを片手の中に握り「♪おつむ てんてん」と歌います。「♪いない ないない…」でハンカチを顔の前にひろげ「♪バァ」で顔を出してあそびましょう。

楽しむための ポイント

子どもとしっかり視線を合わせて

4小節目の二分休符は、保育者が笑顔で子どもを見つめましょう。子どもの名前を呼ぶのも効果的です。子どもと視線を合わせるあそびは、午前中の集中力が高い時間がおすすめです。

おつむ てんてんてん

♩=96 あそびのテンポで　　　　　作詞・作曲・振付／阿部直美

1. お つ む　てん てん　てん　（○○ちゃーん）
2. ほ っ ぺ　ぽん ぽん　ぽん

い な い　ない ない　ない ない　バァ

34

活用シーン　お誕生会に

鳩

保育者と / リズムに合わせて

● 子どもを後ろ向きに膝にのせる。

1 【1番】 ぽっぽっぽ はとぽっぽ

子どもの両手を鳩のように上下させる。

2 まめがほしいか そらやるぞ

手をとり、7回拍手する。

3 みんなでなかよく たべにこい 【2番】

子どもを立たせて、歌に合わせて軽く膝を動かす。2番は1番と同様にする。

こんなあそび方も♪

♪ **自分で立てるようになったら**

1歳児は、ダンスのように振りをつけてみましょう。最後は「それーっ」と言いながら子どもを抱きあげます。0歳児のお誕生会にも使える曲です。

1 ぽっぽっぽっ はとぽっぽ

両手をひろげて上下に振る。

2 まめが… やるぞ

拍手する。

3 みんなで… たべにこい

1と同様にする。

4 「それーっ」

子どもを抱きあげる。

鳩

文部省唱歌　振付／阿部直美

PART 1 ／ 0・1歳児 ／ いっぴきちゅう ／ 0歳児 ／ 1歳児 ／ 2歳児 ／ 3歳児 ／ 4歳児 ／ 5歳児

😊 活用シーン　ふだんのあそび・保育参観に

いっぴきちゅう

● 子どもと向かい合って座る。

 1番　いっぴきちゅう

 もとにかえって

 にひきちゅう

2番　にひきちゅう

人差し指で子どもの手のひらを軽く2回たたく。

手のひらをひっくり返し、手の甲を見せる。

人差し指と中指で手の甲を軽く2回たたく。

人差し指と中指で手のひらを軽く2回たたく。

 もとにかえって

 さんびきちゅう　3～5番

2と同様にする。

手の甲を中指と人差し指、薬指でたたく。3～5番は歌に合わせて指を増やし、1番に準じる。

🎵 こんなあそび方も♪

♪数を減らしてあそぼう

5番まで歌ったら「♪ごひきちゅう もとにかえって よんひきちゅう」と数を減らして同様にあそびます。最後は「♪いっぴきちゅう もとにかえって おしーまい」で終わります。

いっぴきちゅう

あそびのテンポで　　　　　　　　　　　　　　　　　　　わらべうた

1. いっ ぴき ちゅう　もとに かえって にひきちゅう ちゅう
2. に ひき ちゅう　　　　　　　　　　さんびきちゅう ちゅう
3. さんびき ちゅう　　　　　　　　　　よんひきちゅう ちゅう
4. よん ひき ちゅう　　　　　　　　　　ごひきちゅう ちゅう
5. ご ひき ちゅう　　　　　　　　　　おしー まい

😊 活用シーン　ふだんのあそび・保育参観に

1本橋こちょこちょ

保育者と
わらべうた

●子どもと向かい合って座る。

1 1番 いっぽんばし
子どもの手の甲に、人差し指で1本線を描く。

2 こちょこちょ
手のひらをくすぐる。

3 ばんそこはって
手の甲にばんそうこうを貼るしぐさをする。

4 つねって
手の甲を軽くつねる。

5 なーでて
手の甲を優しくなでる。

6 ポン 2・3番
手のひらを軽くたたく。2・3番は指を増やし、1番に準じる。

🎵 こんなあそび方も♪

♪歌詞をアレンジしよう

「♪ばんそこはって　つねって」の部分を「♪おやまに　のぼって　おりてきて」と歌い、人差し指と中指で子どもの腕を、下から上へあがったりさがったりしても喜びます。

1本橋こちょこちょ
♩=80 急がずに　　　　　　　　　　　　　　わらべうた

活用シーン ふだんのあそび・保育参観に

おせんべやけたかな

わらべうた

●子どもと向かい合って座る。

1 おせんべ やけたか

子どもは両手の甲を前に出す。保育者はリズムに合わせて手の甲を右、左とつつく。

2 な

最後につついた手をとり、おせんべいに見立てて食べるしぐさをする。

こんなあそび方も♪

♪みんなで輪になってあそぼう

大勢であそぶときは、全員で輪になり、両手の甲を中央に向けて出します。保育者が中央に立ち「♪お・せ・ん・べ…」と1つずつ順番にさわり、最後の「♪な」で手をさわられた子が手をひっくり返します。いちばん早く両手がひっくり返った子が勝ちです。2歳児くらいから喜ぶあそび方です。

楽しむためのポイント
行事や季節に合わせて楽しもう

手のひらをおせんべいに見立てたあそびです。保育者は、明るくリズミカルに唱えることがポイントです。また、行事や季節に合わせて歌詞をかえることができるのも、この歌の特徴。「♪おもちが やけたかな」「♪ヤキイモ やけたかな」などにアレンジして楽しみましょう。

おせんべやけたかな

♩=90 あそびのテンポで　　　　　　わらべうた

😊 活用シーン　ふだんのあそびに

だるまさん

保育者と／わらべうた

● 子どもと向かい合って座る。

1 だるまさん だるまさん…わらうとまけよ

子どもの手をとり、左右に振る。

2 あっぷっぷっ

子どもの顔を見ながら、おもしろい顔をする。

こんなあそび方も♪

♪輪になってあそび　笑ったら抜けていこう

2・3歳児は、輪になってあそびましょう。笑った人から抜けていき、最後に残った人が勝ち、というルールを作ってあそびます。

楽しむためのポイント

しっかりと目を合わせて

子どもと目を合わせ、できるだけおもしろい表情を作って相手の笑いを誘う、「にらめっこ」の歌です。「♪あっぷっぷっ」のリズムを「♪あっぷーーっぷっ」など変化をつけて歌うと盛り上がります。

だるまさん

♩=94 おどけて　　　　　　　　　　　　　　　　わらべうた

😀 活用シーン　お誕生会・発表会に

とんとんどなた

保育者と
わらべうた

●子どもと向かい合って座る。

1 とんとん どなた

人差し指で子どもの頭を軽く4回つつく。

2 こやのねずみ

鼻を軽く4回つつく。

3 おやまあ おはいり

片方の肩を軽く2回たたき、次にもう片方の肩を2回たたく。

4 とことここ

脇の下をくすぐる。

こんなあそび方も♪

♪保育者が「家」を作ろう

保育者2人が両手をつなぎ「家」を作ります。歩き始めたころの子どもの歩行を促すあそび方で、1歳児の発表会などにも使えます。

1 とんとん どなた

戸をたたくしぐさをする。

2 こやのねずみ

保育者は子どもの側の手を離す。

3 おやまあ おはいり

子どもを招き入れる。

4 とことここ

保育者の手の中に入る。

とんとんどなた

語りかけるように　　　　　　　　　　　　　　　　　　　わらべうた

とん　とん　ど　な　た　こ　や　の　ね　ず　み

お　や　まあ　お　は　い　り　と　こ　と　こ　こ

😊 活用シーン　お誕生会・保育参観に

ペンギンさんのやまのぼり

●子どもと向かい合う。

1 1番 ペンギンさんが…のぼります

曲に合わせて子どもの手の甲をリズミカルにたたく。

2 トーコトット　トコトット

保育者は2本の指で子どもの腕を手首から肩に進む。

3 スーッとすべって

人差し指で肩から手首までなでおろす。

4 いいきもち

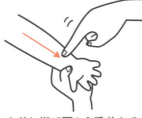

1と同様にする。

5 2番 しろくまさんが…ドコドンドン

1番と同様。ただし子どもの腕を拳で登る。

6 スーッとすべっていいきもち

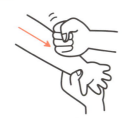

1番と同様。拳で腕をおりる。

こんなあそび方も♪

♪登場人物をアレンジしよう

子どもの腕を氷山に見立てたあそびです。「♪ウサギさん」「♪サンタクロースさん」など登場人物に変化をつけて歌っても楽しめます。冬のお誕生会などにもおすすめです。

ペンギンさんのやまのぼり

♩=100〜124　1番は軽やかに　2番は重々しく

作詞・作曲・振付／阿部直美

PART 1　0・1歳児　ペンギンさんのやまのぼり

0歳児 / 1歳児 / 2歳児 / 3歳児 / 4歳児 / 5歳児

41

😊 活用シーン　ふだんのあそびに

糸まき

1　[1番] いと まきまき　いと まきまき

両手をグーにして、胸の前で上下にまわす。

2　ひいて ひいて

両肘をはって、腕を横に引く。

3　トントントン

両手をグーにして、上下に3回打ち合わせる。

4　でーきた できた

両手をあげ、手のひらをひらひら振りながらおろす。

5　ちいさなおくつ

4回拍手した後、両手のひらを上にして胸の前に出す。

6　[2番] いと まきまき… おおきなおくつ

1番と同様。「おおきなおくつ」は両手を大きくひろげる。

こんなあそび方も♪

♪歌詞に合わせて動作も大きく

「♪おおきなおくつ」の場面では動作もダイナミックにすると、さらに盛り上がります。「♪ちいさなおくつ」を「♪アリさんのおくつ」などと歌詞をアレンジしてもよいでしょう。

糸まき

作詞・不詳　デンマーク民謡

😊 **活用シーン** ふだんのあそび・親子あそびに

もじょもじょかいじゅう

ふれあい

●子どもと向かい合って座る。

1 1番 もじょもじょ…きたよ

保育者は両手の指をもじょもじょ動かす。

2 あしのさきからきたよ

子どもの足先を軽くたたく。

3 こちょこちょ…こちょこちょ

足先から体に向かって、くすぐる。

4 「こちょ…こちょー」「ギューッ」 2・3番

体を大きくくすぐり、最後に抱きしめる。2・3番は、**2**のみ「おなか」「あたま」をたたく。

こんなあそび方も♪

♪保育者が怪獣に変身！

保育者は怪獣の帽子などをかぶります。少し離れたところから歌いながら腹ばいになって近づき「♪こちょ…こちょ」で子どもをくすぐります。怪獣がやってくるスリルを楽しみましょう。

楽しむためのポイント

スリルを演出しよう

5〜8小節目の「♪こちょ…こちょ」はくすぐるふりだけで、最後に本当にくすぐると、さらに盛り上がります。保育者は指先を細かく動かして「くすぐっちゃうぞ！」と、表情豊かに演じてみましょう。

もじょもじょかいじゅう

♩=100 表情豊かに

作詞・作曲・振付／阿部直美

● 活用シーン　お誕生会・運動会に

ころりんたまご

●子どもを後ろ向きに膝にのせる。

1 ころりんたまごが

両手をグーにして、胸の前で上下にまわす。

2 おりこうで

片手をグーにし、もう片方の手でその上をなでる。

3 ころりんしてたら

1と同様にする。

4 ひよこになった

口の前で両手を合わせ、くちばしのようにパクパクさせる。

5 ぴよぴよひよこが

4と同様にする。

6 おりこうで

2と同様にする。

7 ぴよぴよしてたら

4と同様にする。

8 こけこになった

両手を左右に出し、羽ばたくように振る。

9 ころりん…こけこっこ

1、4、8の順にする。

10 こけこがないたら

8の動作を大きくする。

11 よーがーあけ

手のひらを外に向け、片手、次にもう片方の手で顔をおおう。

12 た

両手をパッと左右にひらく。

こんなあそび方も♪

♪親子ダンスにアレンジ

保護者が参加する2歳児からのイベントでは、簡単な親子ダンスにアレンジしましょう。親子で2人組になります。

1 1番 ころりん たまごが おりこうで

両手をつないでその場でまわる。

2 ころりんしてたら

手をつないだまま軽くジャンプ。

3 ひよこになった

向かい合って、両手でくちばしの形を作る。

2番… こけこになった

「こけこになった」は、ニワトリのポーズをする。ほかは1番に準じる。

3番… よーがーあけた

「よーがーあけた」は、交差した両手を外にひらく。ほかは1番に準じる。

♪お誕生会の演出に

お誕生会では、段ボールなどで大きなたまごを用意します。歌に合わせて、たまごの後ろから登場すれば誕生児紹介にぴったりです。

楽しむためのポイント

歌い間違いに要注意

「♪ころりん たまご」を「♪ころころ たまご」と歌ったり、「♪たまごが おりこう」を「♪たまごは おりこう」と間違えることが多いので気をつけましょう。同じ詞に湯山昭が作曲したものもあります。

ころりんたまご

♩=108 おもしろく

作詞／まど・みちお　作曲／則武昭彦

PART 1　0・1歳児　ころりんたまご

0歳児 / 1歳児 / 2歳児 / 3歳児 / 4歳児 / 5歳児

● 活用シーン　ふだんのあそび・保育参観に

なっとうとうさん

●子どもと向かい合う。

1 【1番】なっとうとうさん つよいぞ つよい

両手をつなぎ、上下に4回振る。

2 ねばりづよ

両手をつないだまま、交差させる。

3 いー

両手をつないだまま、大きく左右にひらく。

4 ぐるぐるかきまぜ

手を離し、それぞれ両手をグーにして、胸の前で上下にまわす。

5 ねー

両手の指を組む。

6 ばねば

両手のひらを波打つように動かしながら左右にひらく。

7 どーんなことでも ねばってーねばってー

「どーんなことでも」は4、「ねばってーねばってー」は5、6を繰り返す。

8 あきらめなーい なっとうとうさん

「あきらめなーい」は1、「なっとうとう」は2、「さん」は3と同様にする。

9 ねばねばー 【2・3番】

お互いの脇をくすぐりあう。2・3番は1番と同様にする。

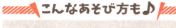

こんなあそび方も♪

♪小さな子は足の上にのせて

0歳児後半くらいからは、保育者が足をのばして座り、子どもを足の上にのせてあそんでみましょう。

1 なっとうとうさん…
ねばりづよいー

向かい合って両手をつなぎ、上下に軽く振る。

2 ぐるぐる…
あきらめなーい

両手をつないだまま、ひっぱったり押したりする。

3 なっとうとうさん
ねばねばー

①の後、子どもの脇の下を優しくくすぐる。

楽しむためのポイント

テヌート（音を保つ）を表現しよう

楽譜の2・5・7小節目にはテヌート記号♩がついています。この部分は、音をしっかり保ち、跳ねないで歌います。そうすることで、なっとうのねばねばしている様子が表現できます。

なっとうとうさん

♩=100 明るくユーモラスに

作詞・作曲・振付／阿部直美

PART 1 0・1歳児 / なっとうとうさん / 0歳児 / 1歳児 / 2歳児 / 3歳児 / 4歳児 / 5歳児

PART 1　0・1歳児　みんないいこ

☺ 活用シーン　ふだんのあそび・昼寝の前後に

みんないいこ

保育者と　ふれあい

●子どもを後ろ向きに膝にのせる。

1 1番 おは なを かざ る みんな

歌に合わせて、子どもの指を親指から順に2拍に1回ずつつまんでいき、「みんな」は4拍で1回つまむ。

2 いい

手のひらを2回たたく。

3 こ 2番

すばやく手のひらに渦巻きを描くようにくすぐる。2番は1番と同様にする。

こんなあそび方も♪

♪子どもの名前をおりこんで

「♪みんな いいこ」の部分に、子どもの名前を入れて「♪○○ちゃんは いいこ」と歌ってみましょう。昼寝から目覚めたときに、ぴったりのあそびです。

♪いいこ

♪1番と2番で振りをかえてみよう

2番だけ「♪みんな いいこ」の「♪いいこ」を、3回拍手するなど、1番と違う動作にかえてあそんでも楽しいです。

みんないいこ

♩=100　急がずに　　　　　　　　　　　　　　　　　　　　　　　　　　　文部省唱歌　振付／阿部直美

1. おはなを　かざる　みんな　いいこ
2. なかよし　こよし　みんな　いいこ

😊 活用シーン　ふだんのあそび・保育参観に

こりゃ どこの じぞうさん

 保育者と　わらべうた

● 子どもと向かい合って座る。

1 こりゃどこの じぞうさん

子どもを指さす。

2 うみのはたの じぞうさん

両脇の下に手をまわし、引き寄せる。

3 うみにつけて

抱きあげ、「て」で軽く左右に振る。

4 どぼーん

床におろす。

///// こんなあそび方も♪ /////

♪歩けるようになったら

歩行がしっかりしてきたら、立ってあそんでみましょう。「♪うみの…さん」で子どもを引き寄せます。「♪うみにつけて」で子どもを高く抱きあげ、「♪どぼーん」で下におろします。慣れたら、お尻が床につくようにしても楽しめます。

こりゃ どこの じぞうさん

あそびのテンポで　　　　　　　　　　　　　　わらべうた

PART 1　0・1歳児

PART 1 ／ 0・1歳児 ／ 大きなたいこ

😊 活用シーン　ふだんのあそび・親子あそびに

大きなたいこ

●子どもを後ろ向きに膝にのせる。

1 おおきなたいこ

子どもの手を後ろから支え、両腕で大きな輪を作る。

2 ドーンドーン

バチを持って大きく2回たたくしぐさをする。

3 ちいさなたいこ

両腕で小さな輪を作る。

4 トントントン

バチを持って小さく3回たたくしぐさをする。

5 おおきなたいこ　ちいさなたいこ

1、3と同様にする

6 ドーンドーン　トントントン

2、4と同様にする。

こんなあそび方も♪

♪手作りたいこであそぼう

たいこを作って、楽器あそびをしても盛り上がります。空き箱などをたいこに見立て、筒にした紙などでバチを作ります。歌に合わせて、たいこのようにたたいてみましょう。

大きなたいこ

強弱をつけて　　　　　　　　　　　　　作詞／小林純一　作曲／中田喜直　振付／阿部直美

PART 2
2・3歳児

指や手が自由に動き、言葉が徐々に話せるようになるため、どんどん手あそびのおもしろさを感じるようになります。声色や動きに強弱をつけて、保育者自身も楽しんであそびましょう。

PART 2 ２・３歳児 こどものけんかに

😊 活用シーン　ふだんのあそび・活動の切りかえに

こどものけんかに

1 こどものけんかに

両手の小指を2回打ち合わせる。

2 おやがでて

両手の親指を2回打ち合わせる。

3 ひとさんひとさん
とめてくれ

両手の人差し指を4回打ち合わせる。

4 なかなか とまらない

両手の中指を4回打ち合わせる。

5 くすりやさんが

両手の薬指を2回打ち合わせる。

6 ちょっと とめ

両手の小指と薬指を同時に1回打ち合わせる。

7 た

1回拍手する。

0歳児 / 1歳児 / 2歳児 / 3歳児 / 4歳児 / 5歳児

52

こんなあそび方も♪

♪動きが難しい場合は手をひらいたまま

本来のあそび方は、打ち合わせない指は曲げます。薬指の打ち合わせが難しく、あそびの楽しさが増します。この動作が難しい子は、指をひらいたまま、指と指を打ち合わせてあそんでもよいでしょう。

♪指の名前に興味を持てるように

子どもと保育者が向かい合います。子どもは右手をパーにひらきます。保育者は人差し指で歌に合わせて、子どもの指をつつきましょう。保育者が指の名前を強調しながら歌うことで、子どもも指の名前に興味が持てるようになります。ときには「これは小指だね！」などと話しながらあそびましょう。

楽しむためのポイント

歌詞と指の名称について話そう

あそびの前に「子どもは小指、親は親指…」と話し、歌詞と指の名称が掛詞になっていることを知らせましょう。また、符点音符のメロディーは、跳ねすぎずに少しゆっくりリズムをとるようにすると、指の打ち合わせがスムーズにできます。

こどものけんかに

● 活用シーン　ふだんのあそび・保育参観に

おはぎがおよめに

●子どもと向かい合う。

1 おはぎがおよめに ゆくときは

子どもの頭を渦巻き状になでる。

2 あんこと

片方の頬を渦巻き状になでる。

3 きなこで

もう片方の頬も渦巻き状になでる。

4 おけしょして

両頬を渦巻き状になでる。

5 まあるいおぼんに のせられて

両手をつなぎ、軽く振る。

6 あすーはいよいよ

4回拍手する。

7 しゅっぱつだ

5と同様にする。

こんなあそび方も♪

♪ジャンケンゲームにアレンジ

アメリカ民謡「ごんべさんの赤ちゃん」（175ページ）のメロディーに「おはぎがおよめに」の歌詞を当てはめて歌うこともできます。
3歳児は、最後の「♪しゅっぱつだ」を「♪ジャンケンポン」と歌いかえてジャンケンゲームを楽しんでもよいでしょう。

楽しむためのポイント

さわり方を工夫してみよう

子どもの体をさわるときに、大きな渦巻き、小さな渦巻きなど変化をつけましょう。さらに粉をまぶすように、体をパタパタ小刻みにたたくなど、「化粧」の仕方を工夫しても楽しめます。
慣れてきたら、保育者がおはぎ役になってみてもよいでしょう。

おはぎがおよめに

♩=86　あそびのテンポで　　　　　　　　　　　わらべうた

😊 活用シーン　ふだんのあそび・保育参観に

ぞうきんつくろう

●子どもと向かい合って座る。

1 はりにいとを とおします

子どもが拳を作り、保育者の前に出す。保育者は人差し指を糸に見立て、子どもの拳の穴に入れ、糸を引くしぐさをする。

2 チクチク…とぬったら ぞうきんの

保育者は人差し指を針に見立て、子どもの手のひらを自由につつく。

3 できあがり

子どもの手を裏返し、手の甲を3回たたく。

4 バケツのなかで

子どもの肩、肘、手首、手の甲を順に1回ずつたたく。

5 ジャブジャブジャブ

手のひらを上に向けた、子どもの指先をつかんで、上下に振る。

6 あらってしぼって

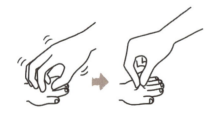

子どもの手を裏返し、手の甲をくすぐった後、軽くつねって、ひねる。

7 ふきそうじ

子どもの手の甲から肩までなであげ、最後に脇の下をくすぐる。

楽しむためのポイント
表情豊かに

子どもたちは、ふれあいあそびが大好きです。保育者は歌い方と表情で「♪とってもジャブジャブ」「♪すごくギュウギュウしちゃうぞ」など、ふれあうおもしろさを演出しましょう。

こんなあそび方も♪

♪体を布に見立ててふれあいあそび

0・1歳児は、寝ている子どもの全身を布に見立ててあそびましょう。「♪はりにいとを とおします」は歌のみ。「♪チクチク…」「♪ジャブジャブジャブ」「♪しぼって」「♪ふきそうじ」で、楽しく体にふれてみましょう。
「♪しぼって」の「♪て」をわざと長く伸ばして歌うと、あそびが盛り上がります。

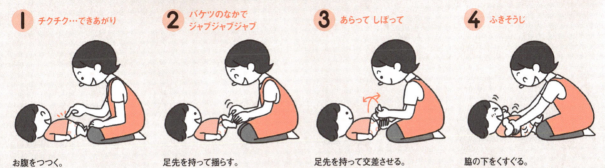

1 チクチク…できあがり　お腹をつつく。
2 バケツのなかで ジャブジャブジャブ　足先を持って揺らす。
3 あらって しぼって　足先を持って交差させる。
4 ふきそうじ　脇の下をくすぐる。

ぞうきんつくろう

作詞・作曲・振付／阿部直美

♩=98 急がずに

活用シーン　劇あそび・お誕生会に

コブタヌキツネコ

集団あそび／動きを楽しむ

2・3歳児

1 こぶた（こぶた）

保育者が親指と人差し指で輪を作り、鼻につける。次に子どもがまねをする。以降、同様にする。

2 たぬき（たぬき）

両手をグーにして、交互にお腹をたたく。

3 きつね（きつね）

両手の人差し指で目をひっぱり、つりあげる。

4 ねこ（ねこ）

両手をパーにして、ネコのひげのように頬につける。

5 ブブブー（ブブブー）

1と同様にする。

6 ポンポコポン（ポンポコポン）

2と同様にする。

7 コンコン（コンコン）

3と同様にする。

8 ニャーオ（ニャーオ）

4と同様にする。

9 こぶた（こぶた）…ニャーオ（ニャーオ）
1〜8と同様にする。

こんなあそび方も♪

♪ペープサートを作ろう
ブタ、タヌキ、キツネ、ネコのペープサートを作り、保育者は歌に合わせて子どもたちに見せます。子どもたちにおなじみの歌なので、お誕生会の出し物としても盛り上がります。

♪かけあいを楽しもう
3歳児後半からは、クラスを4グループに分けてかけあいを楽しんでもよいでしょう。保育者が「♪こぶた」と歌だけ歌ったらこぶた役の子どもは、しぐさをつけながら「♪こぶた」と歌います。順番に、保育者の歌に各グループの子が応じます。

楽しむためのポイント

振り付けの意味を知ろう
「大きな鼻は、ブタさんの鼻」「腹つづみが得意なのは、タヌキさん」「あがり目は、キツネさん」「ネコさんはひげが横向きに生えているね」などと、動作の意味をひとつひとつ説明してからあそびを始めましょう。

コブタヌキツネコ

作詞・作曲／山本直純

PART 2 ・ 2・3歳児 ・ おだんごふたつ

😊 活用シーン　劇あそびに

おだんご ふたつ

1　[1番] おだんご ふたあつ ころころりん

おだんごをこねるしぐさをする。

2　ころころ ころげて どこへゆく

両手をグーにして、体の前で上下にまわす。

3　[2番] おやまの からすが

両手を頭の上で合わせ、山の形を作る。

4　それをみて

片手をおでこに当て、眺めるしぐさをする。

5　かあかあ かあかあ おいかけた

手を胸の前で交差させ、手のひらを鳥のように動かす。

6　[3番] おやまの きつねが それをみて

指でキツネの形を作る。

7　こんこん こんこん おいかけた

キツネの形の手を左右に動かす。

8　[4番] ごちそうさまとも いわないで

両手を肩のところでグーにし、腕を伸ばす。これを繰り返す。

9　こいぬが パクリと たべちゃった（ワンワン）

「こいぬが」で両手を合わせてふくらませⒶ、「パクリと」でひらくⒷ。「たべちゃっ」はⒶ、「た」はⒷ、「ワンワン」はすばやくⒶ、Ⓑを行う。

こんなあそび方も♪

♪歌詞を工夫してみよう

おだんごのほかに歌詞をかえて、いろいろな丸いものが転がる様子を歌にしても楽しめます。
「♪おにぎり ふたあつ」「♪おせんべ ふたあつ」など、子どもたちとアイデアを出し合ってもよいでしょう。

♪劇のように歌ってみよう

物語性のある歌なので、大人数であそぶときは4つのグループに分かれて歌ってもよいでしょう。それぞれ1番から4番まで交代しながら歌うことで、劇のような演出が楽しめます。

おだんご ふたつ

作詞・作曲／則武昭彦

弾んで

1. おだんご ふたあつ ころころ りんてて
2. おやまの ふたつが あすねを ろれみい
3. おやまの つきさ とつがも こそい ろれみい
4. ごちそう さま とつがも こそい りんてて

こかこ ろあん こかこ ろあん げかんこ てあんと どおおた こいかい へかちゃ ゆけけっ くたたた （ワンワン）

😊 活用シーン　食事の前後に

キャベツは キャッキャッキャッ

 リズムに合わせて

1番

1 キャベツは

4回拍手する。

2 キャッキャッキャッ

物をひっかくように両手を開閉する。

3 キュウリは キュッキュッキュッ

4回拍手した後、タオルをキュッと絞るしぐさをする。

4 トマトは トントントン

4回拍手した後、拳を上下に打ち合わせる。

5 レンコンは コンコンコン

4回拍手した後、拳で頭を軽く3回たたく。

6 ニンジン ニンニンニン
2番

4回拍手した後、忍者のポーズをする。

7 パセリは パッパラパァ

4回拍手した後、両手をひらいて頭上で自由に振る。

8 ほうれんそうは ホウホウホウ

4回拍手した後、片手を頬におき「ホウ」というしぐさをする。

9 ダイコンは コンコンコン

5 と同様にする。

こんなあそび方も♪

♪いろいろな野菜を歌にしよう

「やさいの歌」「トマトはトントン」など、似ている歌が保育現場で歌われています。「♪カボチャは ボチャンボチャン」「♪ゴボウは ボウボウ」など、子どもたちといっしょに身近な野菜を題材にして楽しい歌詞を考えてみましょう。食育にも役立ちます。

♪かけあいゲームで楽しくあそぼう

保育者が子どもたちの前に立ち、「♪キャベツは」と歌います。このとき「♪は」は少し長く音を伸ばします。子どもたちは動作をしながら「♪キャッキャッキャッ」と歌います。
3歳児は、このような保育者の問いかけに、みんなでリズミカルに答えるゲーム性のある歌あそびにアレンジしても楽しいでしょう。

楽しむためのポイント
本物の野菜を見てみよう

あそびに入る前に、子どもたちと本物の野菜をよく見てみましょう。「レンコンは穴が開いているよ」「キュウリにはブツブツがたくさんあるね」といった発見が、野菜に対する興味や関心を高めるきっかけになります。
また、野菜の色や形をじっくり見て、絵を描くなどすると、さらに理解を深めることができます。

キャベツは キャッキャッキャッ

作詞・作曲／不詳

😊 活用シーン　ふだんのあそびに

まほうのつえ

2・3歳児

まほうのつえ

1 [1番] まほうの

右人差し指をつえに見立てて、左手の手のひらに向かって円を描く。

2 つえですよ

右人差し指を強くつき出す。

3 5にんのこびとさん

右人差し指で左手の5本の指を、リズムに合わせながら1本ずつさわっていく。

4 せが ちぢめ ちぢめ ちぢめ

右人差し指で左手の手のひらに、上から下へ命令するようなしぐさをする。左手をだんだんグーにする。

5 ちちん

❶と同様にする。

6 ぷい

右人差し指を強くつき出した瞬間、左手をきつく握りしめる。

7 [2番] まほうの

❶と同様にする。左手は握ったままにする。

8 つえですよ

❷と同様にする。

9 5にんのこびとさん

左手をグーにしたまま、❸と同様にする。

0歳児
1歳児
2歳児
3歳児
4歳児
5歳児

64

10 せが のびろ のびろ のびろ

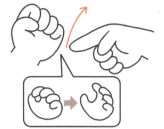

右人差し指で左手に、下から上へ命令するようなしぐさをする。左手をだんだんひらく。

11 ちちん

10と同様にする。

12 ぷい

右人差し指を強くつき出した瞬間、左手をパッとひらく。

▲こんなあそび方も♪

♪魔法のゲームをしよう

保育者は紙を丸めて作ったつえを持ちます。子どもたちは両手をパーにして保育者のほうに向けます。保育者が1番を歌いながらつえを振ると、子どもたちは両手をグーにします。保育者は歌い終わったら「魔法にかかったかな?」と言い、子どもの脇の下をくすぐり、子どもは両手がひらいてしまわないように、しっかりグーの手を保ちます。

♪グーとパーで何ができるかな?

3・4歳児は2人組を作ります。1人が「つえ」の役になり、歌詞の「♪5にん」を「♪10にん」にかえて相手の両手の指をさわります。両手がグーになったら「♪ちちんぷい」の後「バッター!」と言って野球のバッターのまねをします。
両手がパーになったら「チョウチョウ!」と言ってチョウチョウの形にするなど、手の形でいろいろなものを作ってみましょう。

まほうのつえ

♩=88 呪文を唱えているように　　　作詞／まど・みちお　作曲／渡辺 茂　振付／高杉 自子

活用シーン　手洗いの前に
おててを あらいましょう

生活習慣

1 おてーてを あらいましょう

「おてーてを」で片手、「あらいましょう」でもう片方の手をひらいてあげる。

2 きれいに しましょう

水道で手を洗うしぐさをする。

3 おてーてを… きゅきゅ きゅきゅ

1、2と同様にする。

4 ぽんぽんぽん

3回拍手する。

こんなあそび方も♪
♪小さなアリさん、大きなゾウさん

「小さなアリさんが手を洗っていますよ」と話し、小さな声としぐさで歌ったり、反対に「大きなゾウさんが…」と話し、大きな声としぐさで歌ってみたりしましょう。

楽しむためのポイント
歌って手洗い！

生活習慣が身につくようになるまでは、時間がかかります。「手洗いを忘れずに」ということも歌に合わせて楽しみながら覚えましょう。

おててを あらいましょう
快活に　　　　　　　　　　　　　　　　　　　　　　作詞・作曲／不詳

活用シーン　手洗いの前に

とんでけバイキン

生活習慣

1 おててを　[1番]

両手を合わせる。

2 ごしごし

合わせた両手でごしごし洗うしぐさをする。

3 おててを ごしごし

1、2と同様にする。

4 バイキン バイキン

4回拍手する。

5 とんでいけ　[2番]

「とんでい」で片手を、「け」でもう片方の手をあげる。2番は1番と同様にする。

こんなあそび方も♪

♪体もごしごし！

「♪あしを ごしごし」「♪おしりを ごしごし」など、体のいろいろな部位にかえて歌ってみましょう。

とんでけバイキン

表情を持って　　　　　　　　　作詞・作曲・振付／おざわたつゆき

PART 2　2・3歳児　とんでけバイキン

0歳児 / 1歳児 / 2歳児 / 3歳児 / 4歳児 / 5歳児

😊 活用シーン　栽培活動に

ちいさなはたけ

手あそび
動きを楽しむ

PART 2

2・3歳児

ちいさなはたけ

1 1番　ちいさな はたけを

人差し指で、胸の前で小さな四角を描く。

2 たがやして

人差し指を曲げながら、左から右へ動かす。

3 ちいさな たねを まきました

手のひらの上に小さな種をのせたつもりで小さくつまみ、まくしぐさをする。

4 ぐんぐんそだって

両手を合わせ、左右に振りながら上にあげる。

5 はるがきて

両手をひろげ、ひらひらさせながらおろす。

6 ちいさな はなが さきました

人差し指を4回小さく打ち合わせてとめる。

7 ホッ

両手を花のつぼみのような形にし、小さくひらく。

8 2番　ちゅうくらいの はたけを… はなが さきました ポッ

2番は、1番より少し大きいしぐさで行う。ただし **6** は人差し指、中指、薬指の3本を4回打ち合わせる。

9 3番　おおきな はたけを… はなが さきました ボッ

3番は、2番より大きなしぐさで行う。ただし **6** は5本の指で大きく4回拍手する。

0歳児　1歳児　2歳児　3歳児　4歳児　5歳児

♪体を使って表現しよう

あそびに慣れたら、全身で「♪ちいさな はたけ」「♪ちゅうくらいの はたけ」「♪おおきな はたけ」を表現してみましょう。振り付けもところどころアレンジしてあそびます。次の 1〜4 は、2番の場合です。

1 ちゅうくらいの はたけを

胸の前で中くらいの四角を描く。

2 たがやして…まきました

くわをふるって耕すしぐさをする。

3 ぐんぐんそだって はるがきて

しゃがんでから伸びるしぐさをする。「はるがきて」で両手をひろげ、ひらひらさせながらおろす。

4 ちゅうくらいの はなが さきました ポッ

足踏みしながら手拍子する。

♪物語ふうに歌ってみよう

「♪ちいさな」「♪ちゅうくらいの」「♪おおきな」を動物の名前にかえて、物語のように歌っても楽しめます。「♪アリさん」「♪ブタさん」「♪ゾウさん」などが畑を耕して種をまく様子を歌ったら、「アリさんの小さな畑に咲いた花」を想像して絵にするなどの活動に発展させてもよいでしょう。

楽しむためのポイント
歌詞に合わせて動きに変化を

1〜3番の「♪ホッ」「♪ポッ」「♪ボッ」の動作を、歌詞に合わせて体を大きく使って表現すると、さらにあそびが盛り上がります。

ちいさなはたけ

歩くテンポで　　　　　　　　　　　　　　　作詞・作曲／不詳

😊 活用シーン　ふだんのあそび・保育参観に

アイ・アイ

●子どもと向かい合う。

1 アーイ アイ

保育者が好きなところで、2回拍手する。

2 （アーイ アイ）

子どもは保育者のまねをして、同じところで2回拍手する。

3 アーイ アイ（アーイ アイ）

1、2と同様にする。

4 おさるさーんだよ

子どもと保育者は頭と顎をかきながら、体を軽く左右に振る。

5 アーイ アイ…
みなみのしまーの

1〜3と同様にした後、両手を交差させて大きくまわす。

6 アイアイ…
しっぽのながい

1〜3と同様にした後、腰をたたいてから片方の手をしっぽのようにあげる。

7 アーイ アイ（アーイ アイ）
アーイ アイ（アーイ アイ）おさるさんだよ

1〜4と同様にする。

8 …おめめのまるい…
おさるさんだね

1番と同様にする。ただし「おめめのまるい」は両手の親指と人差し指で輪を作って、目に当てる。

♪いろいろな動きで楽しもう

3歳児は、「♪アーイ アイ」のところを2人組になって両手をつないでまわるなど、年齢に応じてアレンジしましょう。

楽しむためのポイント
「♪アーイアイ」の歌い方を表情豊かに

アイアイは、マダガスカルにすむ夜行性のサルのことです。

この繰り返し出てくる「♪アーイ アイ」や「♪アイアイ」のメロディーを、強く歌ったり優しく歌ったりして表情をつけて歌ってみましょう。

PART 2　2・3歳児

アイ・アイ

アイ・アイ

♩=114 楽しく元気に

作詞／相田裕美　作曲／宇野誠一郎　振付／阿部直美

😊 活用シーン　ふだんのあそびに

とうさんゆび どこです

1番
1 とうさんゆび どこです

歌いながら、ゆっくり両手を後ろに隠す。

2 ここよ ここよ

右手、左手の順に親指を出す。

3 ごきげん いかが

右手の親指は話しているように軽く振り、左手の親指は動かさない。

4 ありがと げんき

3とは逆に、左手の親指を軽く振り、右手の親指は動かさない。

5 では また さようなら

両方の親指を曲げておじぎをする。

2番
6 かあさんゆび どこです…さようなら

人差し指にかえて、1番に準じる。

3番
7 にいさんゆび どこです…さようなら

中指にかえて、1番に準じる。

4番
8 ねえさんゆび どこです…さようなら

薬指にかえて、1番に準じる。

5番
9 あかちゃんゆび どこです…さようなら

小指にかえて、1番に準じる。

こんなあそび方も♪

♪導入は軍手の指人形で

軍手の指先に顔のアップリケをつけて家族の指人形を作ります。これを両手にはめて「父さんと母さんがお話しているよ」などと言いながら、子どもとやりとりを楽しみましょう。その後、あらためて指人形をつけたまま「♪とうさんゆび どこです」などと歌ってみましょう。さらにイメージがわきやすくなります。

♪子どもの名前を入れて歌おう

「♪とうさんゆび どこです」を「♪〇〇ちゃん どこです」と子どもの名前を入れて歌ってみましょう。名前を呼ばれた子は立ちあがり「♪ごきげん…げんき」と歌いながら保育者のそばまで行き握手をします。「♪では また さようなら」でおじぎをして、元の場所に戻ります。

楽しむためのポイント
はじめはゆっくり歌おう

指が十分に動かせるよう、はじめはゆっくり歌い会話をしている様子を表現しましょう。

原曲はフランス民謡の「フレールジャック」です。これがアメリカに伝わり「Are You Sleeping?」（160ページ）のタイトルで歌われると同時にさまざまな替え歌ができ、現在に至っています。

とうさんゆび どこです

急がず、あそびのテンポで

作詞／不詳　フランス民謡

活用シーン　手洗いの前・保育参観に

てててて

1 [1番] ててて

3回拍手する。

2 にぎったて にぎったては かあさんの

両手をグーにして、曲に合わせて上下に軽く振る。

3 かたを とんとんとん

肩をたたくしぐさをする。

4 [2番] ててて ひらいたて ひらいたては ねんーどの

3回拍手した後、両手をパーにして上下に軽く振る。

5 おだんごを ころころころ

両手で粘土のおだんごを作るしぐさをする。

6 [3番] ててて あわせたて あわせたては ごはーんの

3回拍手した後、手のひらを合わせて軽く上下に振る。

7 まえに じゃぶじゃぶじゃぶ

水道で手を洗うしぐさをする。

楽しむためのポイント
子どものテンポに合わせよう

子どもの動作に歌のテンポを合わせることが大切です。

まど・みちおの詞に、1966年、保育現場で活躍していた安藤寿美江が振り付けをした曲です。

こんなあそび方も♪

♪親子でとんとん肩たたきをしよう

保育参観の際には、1番の歌詞をアレンジして親子で肩たたきをしてみましょう。保護者は座り、子どもが後方に立ち、歌に合わせて肩をたたきます。保護者が父親なら「♪とうさんの」と歌いかえましょう。繰り返し歌い、交代して保護者が「♪○○ちゃんの」と子どもの名前を呼びながら肩をたたきます。

♪手の形からイメージをふくらませよう

「両手を握った形は何に見える?」「ひらいた手は何かな?」など、動作に出てくる手の形から、イメージできるものを子どもたちと話し合ってみましょう。
3・4歳児は「♪にぎったては じどうしゃの ハンドルもって ブウブウブウ」などと、子どもたちといっしょに想像したもので替え歌を作っても盛り上がります。

てててて

♩=100 急がずに

作詞／まど・みちお　作曲／渡辺　茂　振付／安藤寿美江

1. て　て　て　　にぎったて　　にぎったて　は
2. て　て　て　　ひらいたて　　ひらいたて　は
3. て　て　て　　あわせたて　　あわせたて　は

かあさんの　　かたを　　とん　とん　とん
ねんーどの　　おだんごを　ころ　ころ　ころ
ごはーんの　　まえに　　じゃぶ　じゃぶ　じゃぶ

PART 2 / 2・3歳児 / どこでしょう

😊 活用シーン　入園・進級のころに

どこでしょう

●輪になって座る。保育者がリーダーの役をする。

1 　1番　○○さん ○○さん どこでしょう

リーダーが名前を入れて歌っている間、みんなは手拍子をする。

2 　ここです ここです ここにいます

名前を呼ばれた子は立ちあがって、歌いながら両手をあげる。

3 　2番　おやゆびさん… ここです…ここにいます

1と同様にした後、「ここです…」は歌いながら親指を前に出す。

♪ かくれんぼしながら歌ってみよう

保育室の中でするかくれんぼです。保育者は鬼の役になります。子どもたちが隠れている間、保育室の外に出ています。「もういいかい」「もういいよ」の合図で保育室に入り、「♪○○ちゃん ○○ちゃん どこでしょう」と歌います。子どもは小さな声で「♪ここです…」と歌い、鬼はその声をたよりに子どもを探します。

どこでしょう

語りかけるように　　　　　　　　　　　　　　　　　作詞・作曲／不詳

1番のAはリーダー、Bは名前を呼ばれた子、2番のAはリーダー、Bはほかの子が歌います。
1番と2番は、続けずに別々のシーンであそびます。

76

😊 活用シーン　外あそび・散歩の前に

そらにかこう

1 そらに かこう

右の空を指さし、軽くリズムをとる。

2 ゆーびの えんぴつで

左の空を指さし、軽くリズムをとる。

3 ぐるぐる うず

左手で渦巻きを描く。

4 まき

右手で渦巻きを描く。

5 かたつむり

両手で渦巻きを描く。

6 ニョキ

両手の人差し指で頭につのを作る。

♪当てっこクイズであそぼう

「♪ぐるぐる うずまき かたつむり」を「♪おおきな さんかく なんでしょう」などと、空中に描いた形を当てっこして楽しみましょう。

そらにかこう

あそびのテンポで　　　　　　　　　　　作詞・作曲／キンダーサークル　振付／阿部直美

PART 2　2・3歳児

PART 2 / 2・3歳児 / 1丁目のウルトラマン

😀 活用シーン　劇あそび・発表会に

1丁目のウルトラマン

リズムに合わせて

 1番

1 いっちょうめの

両手の人差し指を出す。

2 ウルトラマン

右手を立て、左手を肘にそえて「ビーム」のポーズをする。

3 にちょうめの

両手の指を2本ずつ出す。

4 セブン

その手を目につける。

5 さんちょうめの

両手の指を3本ずつ出す。

6 はーは

胸の前で両手を交差させる。

7 よんちょうめの

両手の指を4本ずつ出す。

8 ちーち

両手を腰に当てる。

9 ごちょうめの
かいじゅう

両手の指を5本ずつ出す。

10 おいかけて

指先を少し曲げ、かけ足をするときのように腕を振る。

11 とおーい おそらへ

人差し指で空中を指さし、片方の手を腰に当てる。

12 とんでった

グーにした両手を胸につけ、中腰になり体でリズムをとる。

13 「シュワッチ！」

大きくジャンプする。

14 **2番** …レーオも
かけつける…

2番は1番と同様にする。ただし「かけつける」は手をひらいたまま腕を振る。

こんなあそび方も♪

♪衣装をつけて気分をアップ！
カラーポリ袋などで作った、ヒーローふうの衣装をつけてあそびましょう。ひとつひとつの動作にメリハリをつけ、元気なポーズを決めるだけで子どもたちは気分が高揚します。

♪保育者が怪獣に変身！
保育者が5丁目の怪獣役になり「シュワッチ！」の後、子どもたちと戦う演技をしても盛り上がります。ウルトラビームで保育者の怪獣が負けて逃げ出すなど、簡単な劇あそびを楽しみましょう。

楽しむためのポイント
「ごんべさんの赤ちゃん」のメロディーで
「1丁目のウルトラマン」は、本来「いっちょうめのドラねこ」（186ページ、作詞・作曲／阿部直美）のメロディーにつけられた替え歌です。現在は「ごんべさんの赤ちゃん」（175ページ）のメロディーにのせて歌われるようになりました。

PART 2　2・3歳児　1丁目のウルトラマン

0歳児 / 1歳児 / 2歳児 / 3歳児 / 4歳児 / 5歳児

1丁目のウルトラマン

元気よく弾んで　　　　　　　　　　　作詞・振付／島田直美とウルトラのなかまたち　アメリカ民謡

😊 活用シーン　ふだんのあそび・活動の切りかえに

のねずみ

1 [1番] いっぴきのー

人差し指を出して左右に振る。

2 のねずみがー

もう片方の人差し指も出して、いっしょに振る。

3 あなぐらにー とびこんでー

両手で輪を作り、体の前で左右に振る。

4 チュ チュッ チュ チュ… チュ チュッ と

両手の人差し指を交互に打ち合わせながらあげていく。

5 おおさわぎー

あげた両手をひらひら振りながらおろす。

6 [2番] にひきのー のねずみが… おおさわぎー

人差し指と中指にかえて、1番に準じる。

7 [3番] さんびきのー のねずみが… おおさわぎー

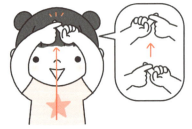

人差し指、中指、薬指にかえて、1番に準じる。

8 [4番] よんひきのー のねずみが… おおさわぎー

人差し指、中指、薬指、小指にかえて、1番に準じる。

9 [5番] ごひきのー のねずみが… おおさわぎー

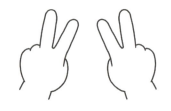

5本の指にかえて、1番に準じる。

こんなあそび方も♪

♪あなぐらにとびこんだのは？
「ほかにもあなぐらにとびこんだ動物がいるよ」などと話し、子どもたちといっしょに想像してみましょう。カラスならば「♪カァカァ…」など鳴き声も工夫してみましょう。

♪大勢であそぼう
全員で輪になり、真ん中に保育者（鬼）が立ちます。「♪いっぴきのー…とびこんでー」は全員で手拍子します。鬼は「♪とびこんでー」で輪の中の1人を指さします。さされた子は輪の中に入り、鬼といっしょにスキップします。

楽しむためのポイント

「マザーグース」に由来するあそび歌
イギリスの伝承童謡「マザーグース」に入っている「Three Blind Mice」に日本語の詞がついたものです。「♪あなぐらにー」を「♪あなのなかに」、「♪とびこんでー」を「♪おっこちて」など、詞が変化しながら伝承されているあそび歌です。
2〜5番の「♪チュ チュッ…チュ チュッ」は、指の数だけリピートします。

のねずみ

あそびのテンポで

作詞／鈴木一郎　イギリス曲

😊 活用シーン　ふだんのあそびに

いっぽんばし にほんばし

PART 2　2・3歳児　いっぽんばし にほんばし

1 [1番] いっぽんばし

指を1本出す。

2 いっぽんばし

もう片方の手の指を1本出す。

3 おやまに なっちゃった

頭の上で指を合わせて山の形をつくる。

4 [2番] にほんばし

指を2本出す。

5 にほんばし

もう片方の手の指を2本出す。

6 めがねに なっちゃった

目の前にもっていき、めがねにする。

7 [3番] さんぽんばし さんぽんばし

指を3本にかえて、1番に準じる。

8 くらげに なっちゃった

指を体の前に出して、クラゲに見立てて振る。

9 [4番] よんほんばし よんほんばし
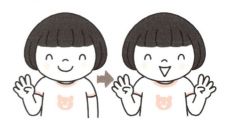

指を4本にかえて、1番に準じる。

0歳児　1歳児　2歳児　3歳児　4歳児　5歳児

82

10 おひげになっちゃった

指をあごにもっていき、ひげにする。

11 [5番] ごほんばし ごほんばし

指を5本にかえて、1番に準じる。

12 ことりになっちゃった

親指を組み、小鳥の羽を作り、羽ばたくように動かす。

♪こんなあそび方も♪

♪「いっぽんばし」と「いっぽんばし」で何ができる？

「いっぽんばしといっぽんばしで、ほかにどんなものが作れるかな？」などと、子どもたちに話し、いっしょにいろいろなものを作ってみましょう。

楽しむためのポイント

歌い間違いに注意

多くのあそび歌を作り続けている湯浅とんぼ、中川ひろたかコンビの代表作品です。

「♪おやまに」を「♪レミファファ」と歌い間違いが多いですが、正しくは「♪ファファファファ」です。

---

1 いっぽんばし… オニに…
両手の人差し指を、頭の横につける。

2 にほんばし… カニに…
両手をチョキにして、頭の上にもっていく。

3 さんぼんばし… ニワトリに…
両手の3本ずつの指を、頭の上とお尻にもっていく。

4 よんほんばし… タコに…
両手の4本ずつの指を、頭の横とお腹の前にもっていく。

5 ごほんばし… ウサギに…
パーにした両手を頭の上にもっていく。

いっぽんばし にほんばし

あそびのテンポで　　　　　　　　　　作詞・振付／湯浅とんぼ　作曲／中川ひろたか

1. いっぽんばし いっぽんばし おやまになっちゃった
2. にほんばし にほんばし めがねになっちゃった
3. さんぼんばし さんぼんばし くらげになっちゃった
4. よんほんばし よんほんばし おひげになっちゃった
5. ごほんばし ごほんばし ことりになっちゃった

活用シーン　運動あそびの前・発表会に

あたまのうえでパン

手あそび／リズムに合わせて

1 1番　あたまのうえで パン

「あたまのうえで」は歌のみ。「パン」で頭の上で1回拍手する。以降同様に。

2 おかおのよこで パン

顔の横で、1回拍手する。

3 おへそのまえで パン

おへその前で、1回拍手する。

4 おしりのうしろで パン

お尻の後ろで、1回拍手する。

5 パン パン パン… パン パン

リズムに合わせて、好きなところで拍手する。

6 2番　あたまのうえで ドン

「ドン」で頭の上で両手をグーにして1回打つ。

7 おかおのよこで… ドン ドン

顔の横で両手をグーにして1回打つ。以降1番に準じる。

8 3番　あたまのうえで チョン

「チョン」で頭の上で両手の親指を合わせる。

9 おかおのよこで… チョン チョン

顔の横で両手の親指を合わせる。以降1番に準じる。

10 4番　あたまのうえで パン ドン チョン おかおのよこで パン ドン チョン……パン パン パン パン ドン ド ドン ドン チョン チョン

歌詞に合わせて、1〜3番の「パン」「ドン」「チョン」の動作をする。以降1番に準じる。

♪こんなあそび方も♪

♪体を大きく使おう

体を大きく動かしてあそびます。5 の「♪パン パン…」では拍手をしながら8呼間でひとまわりします。「♪パン パパン パン」で正面を向いて足踏みしながら拍手し、次の「♪パン」は上で1回拍手、最後の「♪パン」は小さくなって1回拍手します。

♪楽器を使って表現しよう

「♪パン」はカスタネットで「♪ドン」はタンブリン。「♪チョン」はハンドベル…というように楽器を使ってみても楽しいでしょう。

あたまのうえでパン

♩ = 104〜116 リズムを感じて

作詞・作曲／おざわたつゆき　振付／阿部直美

PART 2　2・3歳児

あたまのうえでパン

0歳児　1歳児　2歳児　3歳児　4歳児　5歳児

PART 2 2・3歳児

😊 活用シーン　ふだんのあそびに

ひとつの指で できること

数を楽しむ

1 [1番] ひとつのゆびで できること

人差し指を出し、曲に合わせて左右に軽く振る。

2 ちょっとおあじみ ゆびいっぽん

人差し指をなめるしぐさをする。

3 あたまにのせたら カミナリさん

人差し指を頭の上にのせ、左右に揺れる。

4 [2番] ふたつのゆびで できること

2本の指を出し、曲に合わせて左右に軽く振る。

5 ジャンケンポンのー チョキハサミ

前方にグー、パー、チョキの順に手を出す。

6 じゅもん なんじゃ …にんじゃだよ

手を図のように組み、じゅもんを唱えるしぐさをする。

7 [3番] みっつのゆびで できること

3本の指を出し、曲に合わせて左右に軽く振る。

8 そろえてあるくと ねこのあし

両手の3本の指を、足に見立てて歩くしぐさをする。

9 ほっぺにあてたら ねこのひげ

両手の3本の指をひらいて、頬に当てる。

10 [4番] よっつのゆびで できること
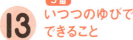
4本の指を出し、曲に合わせて左右に軽く振る。

11 カラテチョップだ エイヤットォ

カラテをするしぐさをする。

12 げんきにあいさつ せんちょうさん

指をそろえて右手で敬礼する。

13 [5番] いつつのゆびで できること

5本の指を出し、曲に合わせて左右に軽く振る。

14 ママがわらって ホホホホホ

口に5本の指を当て笑うしぐさをする。

15 ヤアヤアあくしゅで 「こんにちはー」

向かい合い握手する。次に「こんにちはー」と言う。

こんなあそび方も♪

♪友だちといっしょに

2人で向かい合って座ります。「♪ひとつのゆびで できること」は2人でいっしょに歌います。「♪ちょっとおあじみ…」は1人で歌い、「♪あたまにのせたら…」はもう1人が歌ってみましょう。

楽しむためのポイント

八分休符に気をつけて

1番の「ちょっと」のように、詞の前に八分休符がついているところが何か所かあります。この休符を意識して歌うようにすると、いきいきした感じを表すことができます。

ひとつの指で できること

♩=116 明るくおどけて

作詞／佐倉智子　作曲／おざわたつゆき　振付／阿部直美

PART 2 ／ 2・3歳児

活用シーン　ふだんのあそびに

いっぽんと いっぽんで

手あそび / 数を楽しむ

1 いっぽんと いっぽんで
片方の指を1本出し、もう片方の指も1本出す。

2 ウシさんになって
両手を頭につけ、ウシのつのを作る。

3 にほんと… カニさんになって
両手を2本にし、カニのハサミを作る。

4 さんぼんと… ネコさんになって
両手を3本にし、頬につけネコのひげを作る。

5 よんほんと… タコさんになって
両手を4本にし、タコの足のようにクネクネ動かす。

6 ごほんと… ヒラ〜
両手を5本にし、親指を重ね、残りの指をチョウの羽のように動かす。

こんなあそび方も♪

♪ 2人組であそぼう

2人で肩を組みます。それぞれの組んでいないほうの手でウシやカニを表現してみましょう。

いっぽんと いっぽんで

急がずに　　　　　　　　　　　　　　作詞／不詳　アメリカ曲

（歌詞）
いっぽんといっぽんで　ウシさんになって　にほんとにほんで　カニさんになって
さんぼんとさんぼんで　ネコさんになって　よんほんとよんほんで　タコさんになって
ごほんとごほんで　チョウチョになって　おそらにとんでった　ヒラ〜

😀 活用シーン　読み聞かせやシアターの前に

かみしばいのうた

集団あそび
リズムに合わせて

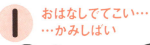
1　おはなしでてこい……
　　……かみしばい

全員で歌う。

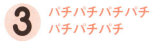
2　はじまり（拍手）
　　はじまり（拍手）

「はじまり」と歌い3回拍手する。これを繰り返す。

3　パチパチパチパチ
　　パチパチパチ

歌いながら7回拍手する。

こんなあそび方も♪

♪活動の前に歌おう

紙芝居やエプロンシアター®、読み聞かせの前に保育者が子どもを集めて歌います。活動に合わせて、「♪かみしばい」の歌詞を「♪えほん」「♪にんぎょうげき」などとかえ、ワクワク感を演出しましょう。

楽しむためのポイント

拍手に変化をつけよう

5小節目の「♪はじまり」は小さく拍手し、6小節目は大きく拍手します。7・8小節目はリズム通りに拍手し、歌い終わった後はさらにたくさん拍手しましょう。紙芝居などへの期待感が高まります。

かみしばいのうた

リズミカルに

作詞／佐倉智子　作曲／おさわたつゆき　振付／阿部直美

おはなしでてこい　せんせいのてから　おはなしでてこい　かみしばい

はじまり（拍手）　はじまり（拍手）　パチ パチ パチ パチ　パチ パチ パチ

PART 2　2・3歳児　かみしばいのうた　0歳児　1歳児　2歳児　3歳児　4歳児　5歳児

89

😊 活用シーン　読み聞かせやシアターの前に

はじまるよったら はじまるよ

数を楽しむ

●椅子に座る。

1 1番 はじまるよ…はじまるよ

左右で3回ずつ拍手する。これを繰り返す。

2 いちといちで

片方ずつ人差し指を出す。

3 にんじゃさん「ニン」

人差し指を上下に組み、「ニン」とかけ声をかける。

4 2番 はじまるよ…はじまるよ

1と同様にする。

5 にーとにーで

片方ずつ2本の指を出す。

6 かにさんだ「チョキーン」

チョキの手を左右に振った後、切るしぐさをする。

7 3番 はじまるよ…はじまるよ

1と同様にする。

8 さんとさんで

片方ずつ3本の指を出す。

9 ねこのひげ「ニャオーン」

3本ずつの指を頬につけた後、招き猫のしぐさをする。

10 4番 はじまるよ…はじまるよ

1と同様にする。

11 よんとよんで

片方ずつ4本の指を出す。

12 くらげさん「フワーン」

両手を合わせ、指先を下に向けフワフワと動かす。

13 5番 はじまるよ… はじまるよ

1と同様にする。

14 ごーとごーで

片方ずつ5本の指を出す。

15 てはおひざ

両手を膝の上におろす。

こんなあそび方も♪

♪動作のアイデアを出し合って

「いちといちで何ができるかな?」などと話し、みんなでアイデアを出し合ってみましょう。

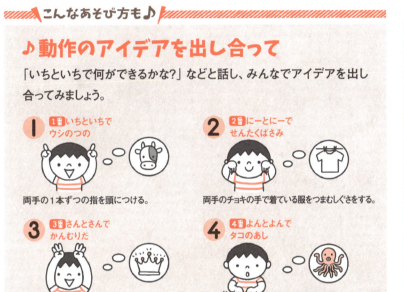

楽しむためのポイント

終わり方に変化をつけよう

全国各地で、似たようなメロディーと歌詞で歌われていますが、最後に「♪てはおひざ」と歌う部分は共通です。常に「♪てはおひざ」で終わり、集中を促すと楽しさが半減することもあります。ときには「♪ごーとごーで はくしゅしよう」など、変化をつけることが大切です。

はじまるよったら はじまるよ

あそびのテンポで　　　　　　　　　　　　作詞・作曲／不詳

PART 2 / 2・3歳児 / おはなしゆびさん

😊 活用シーン　ふだんのあそびに

おはなしゆびさん

リズムに合わせて

1 1番　このゆびパパ　ふとっちょパパ

親指を立て、前方に4回出す。

2 やあやあやあやあ

親指を立てたまま手首を振る。

3 ワハハハハハハ

指を振りながら1回まわす。

4 おーはなし

両手を胸の前で交差させ体でリズムをとる。

5 する

2回拍手する。

6 2番　このゆびママ…おーはなしする

人差し指にかえて、1番に準じる。

7 3番　このゆびにいさん…おーはなしする

中指にかえて、1番に準じる。

8 4番　このゆびねえさん…おーはなしする

薬指にかえて、1番に準じる。

9 5番　このゆびあかちゃん…おーはなしする

小指にかえて、1番に準じる。

こんなあそび方も♪

♪折り紙で人形を作り指にかぶせてあそぼう

折り紙を4分の1の大きさに切り、簡単な指人形を作ります。それぞれの顔を描き、歌に合わせて指にかぶせて動かしましょう。歌の内容をより理解しやすくなります。

楽しむためのポイント

歌詞に合わせて声色を工夫しよう

それぞれの指の特徴が伝わるように歌います。1番の親指はお父さんらしく太い声で堂々と、2番の人差し指はお母さんらしく優しく明るい声で歌います。歌詞に合わせて声色をかえてみましょう。

●指人形の作り方

1. 15cm角の折り紙を4分の1に切り、三角に折る。
2. 左右の両角を折る。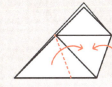
3. Aを1枚だけ手前に折り、のりづけする。
4. それぞれの顔を描き、余白を切る。

PART 2 / 2・3歳児 / おはなしゆびさん / 0歳児 / 1歳児 / 2歳児 / 3歳児 / 4歳児 / 5歳児

おはなしゆびさん

♩=108〜112　会話するように　　　　作詞／香山美子　作曲／湯山 昭　振付／阿部直美

☺ **活用シーン** ふだんのあそび・身体測定の前後に

さかながはねて

リズムに合わせて

1 1番 さかながはねて

手のひらを合わせてふくらませ、魚が泳ぐしぐさをする。

2 ピョン

腕を前に伸ばして、魚が飛び出すような動きをする。

3 あたまにくっついたぼうし

両手を頭の上にのせる。

4 2番 …おなかにくっついたデベソ

1番と同様にする。ただし「おなかに…」は、お腹に両手をつける。

5 3番 …おむねにくっついたオッパイ

1番と同様にする。ただし「おむねに…」は、胸に両手をつける。

こんなあそび方も♪

♪見立てあそびを楽しもう

「頭にくっついたものは何かな?」「お腹のは、何だろう?」などと話し、子どもたちとアイデアを出し合ってあそびましょう。

さかながはねて

快活に

作詞・作曲・振付／中川ひろたか

😊 活用シーン　ふだんのあそび・活動の切りかえに

てんぐのはな

1

片手の人差し指で、鼻を軽くたたく。

2 おっとっとっとっ このくらい

グーの両手を鼻につけ、片手を前に大きく伸ばし、「このくらい」でちょうどよい長さに戻す。

3

両手の人差し指で、両耳をたたく。

4 おっとっとっとっ このくらい
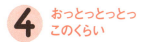

パーの両手を両耳につけて大きくひろげていき、「このくらい」でちょうどよい大きさに戻す。

5

片手の人差し指で、口を軽くたたく。

6 おっとっとっとっ このくらい
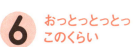

両手で両頬を押さえ、小さく口をすぼめていき、「このくらい」でちょうどよいところに戻す。

こんなあそび方も♪

♪ほかの動物にも見立ててみよう

「♪ウサギの みみは ながいぞ」「♪ツルの くびは ながいぞ」などほかの動物におきかえて歌ってみましょう。

楽しむためのポイント

動作はユーモラスに

「♪おっとっとっとっ」は、大きくおどけて手を動かし、「♪このくらい」と元に戻す動きとの差をつけましょう。

てんぐのはな

作詞・作曲・振付／浅野ななみ

95

活用シーン　昼寝の前・活動のきりかえに

おやすみなさい

1 おやゆび ねむった

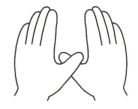

両方の親指を重ねる。

2 ひとさしゆび ねむった

両方の人差し指を折る。

3 なかゆび ねむった

両方の中指を折る。

4 くすりゆび ねむった

両方の薬指を折る。

5 こゆびの… ねむった

両方の小指をゆっくり折る。

6 まつげをとじて ねむった

組んだ両手をまつげに見立てて、4回開閉する。最後に、手を顔の横につけ目を閉じる。

こんなあそび方も♪

♪「おやすみゲーム」であそぼう

大勢であそぶときは「おやすみゲーム」にアレンジしてみましょう。保育者が「♪おやゆびねむった」と歌い、子どもたちは順番にしゃがみます。保育者は歌い終わったら「本当に眠ったかな？」と言いながら1人ずつくすぐりましょう。笑ってしまった子は負けです。

♪クイズにチャレンジ

保育者は片手をひろげて子どもたちに見せます。歌に合わせて親指から順に指を折ります。「♪まつげを…ねむった」で手にハンカチをかけ、同時に指を1本立てます。「起きている指がいるよ、どの指かな？」と話し、どの指を立てているかクイズにしてみましょう。

楽しむためのポイント
ゆったりと歌おう

「♪おやゆびねむった」の2小節をワンフレーズにとらえてゆったりと歌います。「♪まつげをとじて」は組んだ指がまつげだとわかるように、ていねいに動かします。次の活動を始める前に気持ちを落ち着かせたいときに役立ちます。

おやすみなさい

優しくゆったりと

作詞・作曲・振付／阿部直美

活用シーン　ふだんのあそび・七夕に

Twinkle, Twinkle, Little Star

PART 2

2・3歳児

Twinkle, Twinkle, Little Star

1 Twinkle twinkle little star,
トゥインクル トゥインクル リトル スター

片手をパーにしてあげ、もう片方の手はグーにして腰に当てる。この動作を左右を入れかえて交互に繰り返す。

2 How I
ハウ アイ

両肘を曲げ、グーにした両手で体の横を2回たたく。

3 wonder
ワンダー

両手をパーにしながら顔の横にもっていく。

4 what you are.
ワット ユー アー

2、3と同様にする。

5 Up above the world so high,
アップ アボブ ザ ワールド ソー ハイ

両手をあげ、左右に揺らす。

6 Like a diamond in the sky.
ライク ア ダイアモンド イン ザ スカイ

あげた両手をひらひらさせながらおろす。

0歳児 / 1歳児 / 2歳児 / 3歳児 / 4歳児 / 5歳児

7 Twinkle twinkle little star, How I wonder what you are.
トゥインクル トゥインクル リトル スター ハウ アイ ワンダー ワット ユー アー

1〜4と同様にする。

こんなあそび方も♪

♪振り付けで星空の様子を表現しよう

基本の動作はグーとパーだけで、あそびやすく作られています。「♪Twinkle…」では両手をあげてひらひらと振って、輝く星空の様子を表現してもよいでしょう。

4歳児は「♪Twinkle」だけでも英語で歌ってみましょう。

楽しむためのポイント

原曲はシャンソン

日本名は「キラキラ星」です。原曲はフランスのシャンソンで、1806年、ジェーン・テイラー（イギリス）が替え歌を作って世界中にひろまりました。

大意は「輝く小さな星、あなたは誰？　世界の上空はるかかなたでダイヤのように光ってる。あなたはいったい誰？」です。

Twinkle, Twinkle, Little Star

優しく

フランス童謡　振付／浅野ななみ

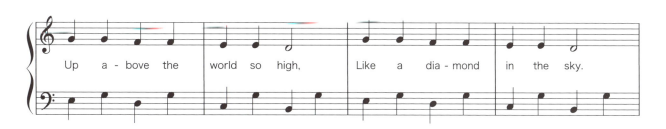

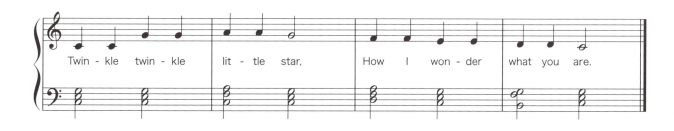

活用シーン ふだんのあそび・運動あそびの前に

Row, Row, Row Your Boat

●2人組になり、足をひらいて向かい合って座り両手をつなぐ。

1 Row, row,
　　ロウ　ロウ

最初の2拍で1人がボートをこぐように相手の手を引く。

2 row your boat, Gently down the stream.
　　ロウ ユア ボート ジェントリー ダウン ザ ストリーム
　　Merrily, merrily,… Life is but a dream.
　　メリリー メリリー ライフイズ バット ア ドリーム

次の2拍でもう1人がボートをこぐように相手の手を引く。最後まで、2拍1回のリズムで引き合う **1**、**2** の動きを繰り返す。

こんなあそび方も♪

♪1人あそびに挑戦！

「♪Row, row,…stream.」はボートをこぐしぐさ、「♪Merrily,…merrily,」は片手をかざして左右を見ます。「♪Life…」で3回拍手します。

楽しむためのポイント

1語だけでも英語で

言葉が短いので3・4歳児は「♪Row, row,」だけでも英語で歌いましょう。この曲の大意は「ボートをこいで川下り。陽気に楽しく、人生は夢のようなもの」です。

Row, Row, Row Your Boat

♩=100　元気にボートをこぐテンポで　　　　　　　　　　アメリカの遊び歌

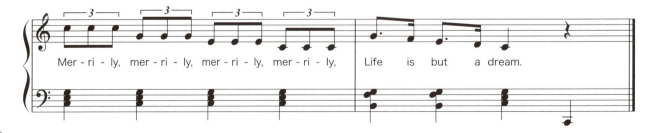

PART 3
4・5歳児

アイデアをプラスすることで、あそびが豊かになり、少人数から集団へとあそびが大きくひろがっていく時期。友だちとのふれあいを通して、表現力や感受性が育まれていきます。

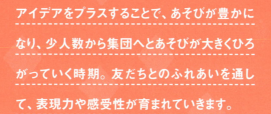

😊 活用シーン　みんなが集まる場に

てを たたこう

数を楽しむ

1 てを たたこう

両手をひろげる。

2 パン

1回拍手する。

3 てを たたこう パン さいしょは…パン
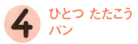

1、2と同様にする。「さいしょは ひとつ」は歌のみ。1、2と同様にする。

4 ひとつ たたこう パン
1、2と同様にする。

5 ふたつ たたこう パンパン

1と同様にした後、2回拍手する。

6 こんどは みっつ… パンパンパン

「こんどは みっつ」は歌のみ。1と同様にした後、3回拍手する。

こんなあそび方も♪

♪肩たたきごっこ

2人1組になり、1人は座りもう1人は後ろに立ちます。「♪てを たたこう パン」を「♪かた たたこう トン」に、また「♪こんどは みっつ」を「♪こんどは いっぱい」と歌いかえて肩たたきをしてみましょう。

てを たたこう

元気に弾んで　　　　　　　　　　　　　　　　　作詞・作曲／不詳

😀 活用シーン　食事の前後に

なっとう

1 なっとう なっとう ねーばねば
なっとう なっとう ねーばねば

両手で豆のかたちを作って左右に振る。次に指先から糸が出ているように左右に引く。これを2回繰り返す。

2 おおつぶ なっとう

両手で大きな豆のかたちを作る。

3 こつーぶなっとう

両手で小さな豆のかたちを作る。

4 おかーめなっとう

両手を握り、頬をギュッと押す。

5 みとなっとう

右手で3本の指を出し、次に両手で10本の指を出す。

〜こんなあそび方も♪〜

♪いろいろな納豆であそぼう

「♪おかーめなっとう みとなっとう」を「♪てんぐなっとう」「♪だるまなっとう」「♪ひきわりなっとう」など歌詞をかえて振り付けてみましょう。

なっとう

ゆっくりねばって　　　　　　　　　　　　　　　　作詞・作曲／不詳

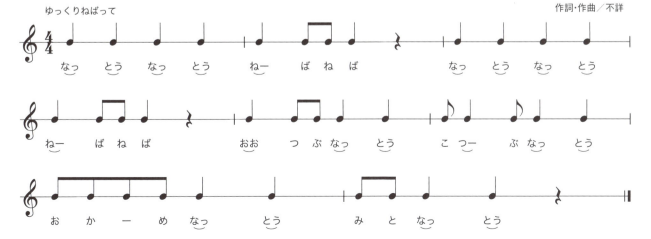

😊 活用シーン　劇あそびに

奈良の大仏さん

 数を楽しむ

1 1番　ならの ならの だいぶつさんに

両手で大きく大仏のかたちを描く。

2 すずめが さんば とまった

指を3本出す。

3 なんといって ないてます

右手を耳に当て、聞くしぐさをする。次に左手で同様にする。

4 チュンチュン …チュンチュン

両手を左右にひろげて軽く振り、スズメが飛ぶ動作をする。

5 2番　いちばんめの… あたまにとまった

指を1本出した後、片手で頭を軽くたたく。

6 たかいたかい… チュンチュン

山を描くように下から両手をあげる。「チュン…チュン」は**4**と同様にする。

7 3番　にばんめの… おはなにとまった

指を2本出した後、人差し指で鼻を指さす。

8 くらいくらい… チュンチュン

両手のひらで目の前を隠すようにし、首を左右に振る。「チュン…チュン」は**4**と同様にする。

9 4番　さんばんめの… おしりにとまった

指を3本出した後、片手でお尻を軽くたたく。

10 くさいくさい… チュンチュン

鼻をつまんで、頭を上下に軽く振る。「チュン…チュン」は**4**と同様にする。

こんなあそび方も♪

♪歌の後に簡単な劇あそびを

スズメのお面をつけて、歌の後にセリフを加えてみましょう。たとえば、1番の後は「とっても大きいね」、2番の後は「きっと富士山だよ！」、3番なら「わああ、まっくらだ」、4番は「くさくてたまらない」など言ってあそびましょう。

♪大仏さんにとまったのは…？

5歳児は「♪すずめが さんば とまった」を「♪セミが さんびき とまった」や「♪カラスが さんば とまった」など、歌詞をアレンジしましょう。歌詞に合わせて鳴き声や振り付けも工夫します。

楽しむためのポイント
原曲と異なるメロディーに注意

アメリカ民謡の「10人のよい子」（200ページ）のメロディーをモチーフにした替え歌です。3、4小節目のメロディーが原曲と異なっているので注意しましょう。レクリエーションソングとして、広く知られています。

奈良の大仏さん

快活に　　　　　　　　　　　　　　　　　　　　　作詞／不詳　アメリカ民謡

😀 活用シーン　ふだんのあそび・活動の切りかえに

はちべえさんと じゅうべえさん

手あそび

わらべうた

PART 3　4・5歳児

はちべえさんと じゅうべえさん

1　はちべえさんと

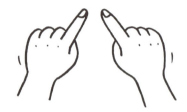
両手の人差し指で漢字の八を作る。

2　じゅうべえさんが

両手の人差し指で漢字の十を作る。

3　けんかして ハッ

両手の人差し指を自由に打ち合わせる。

4　おってけ にげてけ　おってけ にげてけ

両手の人差し指を同じ方向に動かした後、向きをかえて反対側に動かす。

5　いどのなかに おっこって

片手で輪を作り、もう片方の人差し指を上から入れる。

6　かおをだしたら

輪の下から人差し指を入れる。

7　ゴッツンコ

両手をグーにして、1回打ち合わせる。

8　アイタタタッタ アイタタタッタ

頭を軽くたたく。

9　ごめん ごめん ごめん

両方の人差し指を向かい合わせ、おじぎをさせる。

こんなあそび方も♪

♪はちべえさんとじゅうべえさんについて想像しよう

あそびに入る前に、はちべえさんとじゅうべえさんについて、子どもたちと想像してみても楽しいでしょう。「本当は仲よしなんだけれど、どちらの畑のイモが大きいかを競っているうちに、けんかになっちゃったのかな…」などと、子どもたちがイメージしやすいストーリーを考えるとよいでしょう。

♪指人形でユーモラスに

軍手の指先を2つ切り、はちべえさんとじゅうべえさんの顔をフェルトペンで描きます。左右の人差し指にはめて、人形劇仕立てで歌うと盛り上がります。

楽しむためのポイント

指の動きを工夫しよう

2本の指だけで言い争っている人物を表現する指あそびです。「けんかしている指」「追いかけている指」「追いかけられている指」の表情が出るよう、速く動かしたり大きく動かしたりするなど工夫しましょう。

はちべえさんと じゅうべえさん

おどけて　　　　　　　　　　　　　　　　　　　　　　　　わらべうた　振付／阿部直美

PART 3 4・5歳児

😊 活用シーン　劇あそび・食育に

くいしんぼゴリラのうた

動きを楽しむ

●2人組になり、向かい合う。

1　1番 くいしんぼな ゴリラが バナナを みつけた

1回拍手した後、相手と両手を3回打ち合わせる。これを繰り返す。

2　かわむいて かわむいて

片手でバナナを持ち、もう片方の手で皮をむくしぐさをする。

3　パックンと たべた

バナナを上に投げ、開けた口で受けとめてもぐもぐ食べるしぐさをする。

4　ドンドコ ドンドン ドンドコ ドンドン

両手をグーにして、ゴリラが胸をたたくしぐさをする。

5　おー うまい

両手を大きくまわして頬に当て、おいしいという顔をする。

6　2番 …レモンを みつけた… おー すっぱい

1番に準じる。「すっぱい」はすっぱい表情をする。

7　3番 …たまねぎ みつけた …かわむいて かわむいて

1と同様にした後、「かわむいて…かわむいて」は、タマネギの皮を何枚もむいて投げ飛ばすしぐさをする。

8　たべるところが なくなった

1回拍手した後、相手と両手を3回打ち合わせる。

9　ドン ドコ ドンドン ドン ドコ ドンドン ウェーン

両手をグーにして胸をたたいた後、泣くしぐさをする。

♪ほかの皮をむいて食べるものに

歌詞に出てくる食べ物を、アレンジしましょう。皮をむく食べ物を「ミカン」や包み紙を皮に見立てて「キャンディー」などにしてもユニークな替え歌になります。

ゴリラのあわてている様子を

3番の「♪かわむいて…かわむいて」の繰り返しが、この歌のいちばん盛り上がるところです。楽譜の「accel.（アッチェレランド）」のところからだんだん速くし、「a tempo（ア・テンポ）」で元のテンポに戻ると、あわてているゴリラを表現することができます。

くいしんぼゴリラのうた

作詞・振付／阿部直美　作曲／おざわたつゆき

PART 3 4・5歳児

きんぎょちゃんとメダカちゃん

😊 活用シーン　ふだんのあそび・運動あそびの前に

動きを楽しむ

1 きんぎょちゃんと

両腕を軽く曲げて、左右にひらき金魚のポーズをする。

2 メダカちゃんは

両手を合わせて、前に伸ばしメダカのポーズをする。

3 どうちがう

片手を頬につけ、もう片方の手で肘を支えて考えるポーズをとり、軽く上下にリズムをとる。

4 きんぎょちゃんはプカプカおよぐけど

金魚のポーズで足踏みしながら、両腕を上下に動かす。

5 メダカちゃんは…およぐんだよ

メダカのポーズで足踏みしながら、指先をつつくように動かす。

6 きんぎょちゃんとメダカちゃんが

金魚のポーズをした後、メダカのポーズをする。

7 いっしょにおよげば

6と同様にする。

8 プカプカ チトチト プカプカ チトチト

4、5を繰り返す。

9 あーあ

両手をひらき、横に8の字を描くように動かす。

10 きょうも はれ

1回拍手した後、両手を大きくあげる。

♪「どうちがう」あそびをしよう

5歳児は「どうちがう」をキーワードにした、替え歌を作ってみましょう。「♪アンパンと フライパンは どうちがう」など言葉あそびを楽しみます。「♪アンパンはパクパクたべるけど フライパンはカタカタたべられないんだよ」などとイメージをひろげましょう。

三連符の歌い方がポイント

「♪きんぎょ」「♪メダカ」の三連符のリズムに注意して、言葉がはっきり聞き取れるテンポで歌いましょう。20小節目の「♪チトチト」の三連符だけは、つつくしぐさを少し速めにせわしなく4回くらい行います。

きんぎょちゃんと メダカちゃん
明るくユーモラスに　　　　　作詞・作曲／不詳

PART 3 4・5歳児

キャベツのなかから

😊 活用シーン　ふだんのあそび・お誕生会に

リズムに合わせて

1 [1番] キャベツのなかから あおむしでた

「キャベ」は歌のみ。片手はパー、片手はグーにして、グーの手をパーで包む。これを左右の手を交互に入れかえて繰り返す。

2 よ

両手をグーにし、胸の前で合わせる。

3 ニョキニョキ

片手の親指を出し、次にもう片方の親指を出す。

4 とうさんあおむし

そのまま手を左右に揺らす。

5 [2番] …ニョキニョキ かあさんあおむし

1、2は1番と同様にする。
3、4は人差し指にかえる。

6 [3番] …ニョキニョキ にいさんあおむし

1、2は1番と同様にする。
3、4は中指にかえる。

7 [4番] …ニョキニョキ ねえさんあおむし

1、2は1番と同様にする。
3、4は薬指にかえる。

8 [5番] …ニョキニョキ あかちゃんあおむし

1、2は1番と同様にする。
3、4は小指にかえる。

9 [6番] …ニョキニョキ ニョキニョキ

1、2は1番と同様にする。「ニョキ」に合わせて右手の親指から順に小指まで出す。次に左手も同様に出す。

10 ちょうちょに なーったよ

両手をひろげて親指を重ねてチョウを作り、動かす。

楽しむためのポイント

「♪ニョキニョキ」の歌い方がポイント

「♪ニョキニョキ」を青虫のキャラクターに合わせ声色をかえて歌い分けましょう。6番の「♪ニョキニョキ…ニョキ」は指が順にひらくようにゆっくり歌い、フェルマータ(𝄐)で十分音を伸ばし、指をしっかり見せます。

こんなあそび方も♪

♪指あてクイズであそぼう

指のあてっこあそびをしてみましょう。「♪キャベツの…でたよ」までは❶、❷と同様にします。「♪ニョキ ニョキ」で子どもにどの指かわからないようにグーの中に指を入れ指先を少し出します。「何指かな？」「かあさん あおむし」「あたり」などとやりとりを楽しみましょう。

♪キャベツボードで

ボードなどにポケット状に作った色画用紙のキャベツを、5つ貼ります。その中に1匹ずつ青虫を入れます。歌いながら青虫を取り出し、最後はボードの後ろから大きなチョウを出します。3歳児くらいのお誕生会の出し物にしても。

キャベツのなかから

急がずに　　　　　　　　　　　　　　　　　作詞・作曲／不詳

😊 活用シーン　ふだんのあそびに

きつねのおはなし

1番

1 こっちから

左手の人差し指で、右のほうを指さす。

2 きつねが

右手でキツネを作り、キツネの口を左に向けて前に出す。

3 でてきたよ

2で出した位置でキツネを3回上下に動かす。

4 みみうごかすーよ　ぴくぴくぴく

キツネの耳を7回動かす。

5 あっちで

左手の人差し指で、左のほうを指さす。

6 ともだち　よんでるよ

右手はそのまま。左手の人差し指を5回上下に動かす。

7 どんどんどんどん　かけてった

左手をおろし、右手のキツネを左へ進める。

2番

8 あっちから…かけてった

2番は1番と反対の手で、1番に準じる。

3番

9 りょうほうから

両手でキツネを作り、同時に体の前に出す。

10 きつねが　であったよ

両手を向かい合わせる。

11 くちうごかすーよ　ぺらぺらぺら

左右のキツネの口を7回開閉させる。

12 おにごっこ　しようよ

向かい合った両方のキツネを2回おじぎさせる。

⑬ じゃんけん	⑭ ぽん	⑮ らんらんらんらん	⑯ あっはっは

両手をグーにし、2回上下に振る。	右手と左手でジャンケンする。	両手でキツネを作り、勝ったほうが負けたほうを追いかける。	キツネを向かい合わせ、口を開閉して笑う動作をする。

こんなあそび方も♪

♪2人1組であそぼう
2人1組になり、右手担当の子どもと、左手担当の子どもに分かれて、1・2番はそれぞれのパートの歌と振りをしていきます。3番は2人で歌い、最後は「♪じゃんけんぽん」でさらに楽しめます。

♪影絵であそぼう
この手あそびの動作は、そのまま影絵にしてあそぶことができます。天気のよい日に屋外であそび、地面に映る影を楽しんでみてもよいでしょう。どう向けたらキツネらしく見えるか、ためしてみましょう。

楽しむためのポイント
名コンビの指あそび代表作

「二匹のきつね」のタイトルでひろまっている歌ですが、これが原曲です。1966年にまど・みちおと渡辺茂のコンビで作られた指あそびの代表作で、振り付けもまど・みちお自身によるものです。

慣れてきたら少し早めのテンポで歌ってみるように指示されています。

きつねのおはなし

作詞・振付／まど・みちお　作曲／渡辺 茂

😊 活用シーン　みんなが集まる場に

かなづち トントン

　数を楽しむ

● 椅子に座る。

1　1番 かなづち トントン いっぽんで トントン…

「トントン」で、片手をグーにして膝を2回たたく。「かなづち」「いっぽんで」は歌のみ。

2　つぎは にほ

2回拍手する。

3　ん

両手をグーにして、前で軽く振る。

4　2番 かなづち トントン… つぎは さんぼん

1番に準じる。「トントン」は、両手をグーにして両膝をたたく。

5　3番 かなづち トントン… つぎは よんほん

1番に準じる。「トントン」は、両手をグーにして両膝をたたき、右足で床をたたく。

6　4番 かなづち トントン… つぎは ごほん

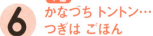

1番に準じる。「トントン」は、両手で両膝、両足で床をたたく。

7　5番 かなづち トントン ごほんで…トントン

1番に準じる。「トントン」は、両手で両膝、両足で床をたたき、頭を振る。

8　これでおし

2回拍手する。

9　まい

両手を膝におく。

116

> **こんなあそび方も♪**

♪5人で「♪トントン」おうちを作ろう

5人1組になります。順番を決め、1番目の子は立ち、ほかの子は座ります。立っている子は1番を歌い、「♪トントン」ではその場で2回ジャンプします。「♪つぎは にほん」で、2番目の子が立ち、1番目の子と手をつなぎます。2番も同様に歌います。1人ずつ立っていき、3～5番を歌います。「♪これでおしまい」は「♪おうちができた」と歌いかえ、全員で輪になり両手をあげて屋根の形を作ります。

楽しむためのポイント

5番のテンポをおさえ気味に

手、足、最後には頭も加わって5本のかなづちになります。5番は動きが難しくなるので、テンポをおさえて、ゆっくり歌うことがポイントです。動きに慣れるまでは4番で終わりにしてもよいでしょう。

かなづち トントン

訳詞／幼児さんびか委員会・高木乙女子　作曲／Mary Miller、Paurea Zajan

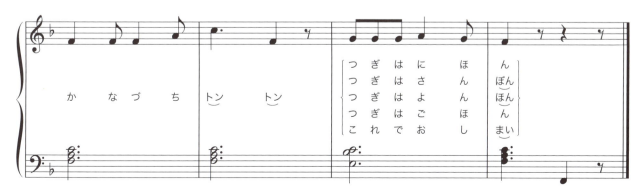

活用シーン　お誕生会・みんなが集まる場に

さあ みんなで

PART 3

4・5歳児

さあ みんなで

●数人で1列になるように椅子に座る。

1　1番 さあ みんなが みんなが あつまった

曲に合わせて拍手する。

2　おとなりさんの かたたたこう

右隣の子を指して、「かたたたこう」で右隣の子の肩をたたく。

3　おとなりさんの ひざたたこう

左隣の子を指して、「ひざたたこう」で左隣の子の膝をたたく。

4　いっしょに トントン トントントン

右隣の子の肩と左隣の子の膝をいっしょにたたく。

5　さあ みんなが みんなが あつまった

1と同様にする。

6　2番 …かたたたこう …みみつまもう…

1番に準じる。「みみつまもう」で左隣の子の耳をつまむ。

7　3番 …かたたたこう …はなつまもう…

1番に準じる。「はなつまもう」で左隣の子の鼻をつまむ。

8　4番 さあ みんなが… じぶんの ひざたたこう

1と同様にした後、両手で自分の両膝をたたく。

9　おとなりさんの ひざたたこう

右隣の子を指して、「ひざたたこう」で右隣の子の両膝をたたく。

10　もひとつ となりは たたけません

さらに右隣の子をたたこうとする。「たたけません」で手を振りできないという動作をする。

11　さあ みんなが みんなが あつまった

1と同様にする。

0歳児 1歳児 2歳児 3歳児 4歳児 5歳児

こんなあそび方も♪

♪替え歌で楽しくコミュニケーション

あそびに慣れたら「♪ひざたたこう」を「♪あたまなでよう」「♪あごつまもう」「♪わきばらつつこう」などの動作にアレンジするとさらに盛り上がります。

楽しむためのポイント

「♪たたけません」をユーモラスに

「♪もひとつ となりは たたけません」の動作をユーモラスに演じます。わざと思いっきり手を伸ばし、たたこうとする動作をした後、やっぱりたたけないと大きく手を振り、否定のしぐさをするとよいでしょう。

イベントにぴったり

お誕生会やお楽しみ会のときなど、大勢になればなるほど盛り上がる、ゲーム性の強いあそびです。
楽譜では、「D.C.（ダ・カーポ）」で曲のはじめに戻ったら、曲の終わりを示す「Fine（フィーネ）」の記号を見逃さないように注意しましょう。

さあ みんなで

作詞・作曲・振付／浅野ななみ

😊 活用シーン　なぞなぞやクイズの前に

なぞなぞむし

1 あっちから

両手を背中に隠して歌う。

2 なぞなぞむしが
やってきて

右手の人差し指を前に出し、曲げ伸ばししながら、胸の前まで進める。

3 こっちから

胸の前においたまま歌う。

4 なぞなぞむしが
やってきて

2の動作を左手の人差し指でする。

5 なぞなぞ ハッ?

右手の人差し指をおでこにつけ、「ハッ?」で不思議そうなポーズをする。

6 なぞなぞ ハッ?

左手の人差し指もおでこにつけ、「ハッ?」で不思議そうなポーズをする。

7 はてな

両指をつけたまま首を右→左→右と振る。

こんなあそび方も♪

♪なぞなぞの前に歌おう

お誕生会や発表会などの幕間で、なぞなぞやクイズをするときのオープニングにぴったりです。歌った後になぞなぞを出題する際、リズムをつけて歌うように出題するとさらに盛り上がります。

なぞなぞの例

- りっぱ、りっぱとほめられる双子のきょうだいは？
（スリッパ）

- とった人より、とられた人がニコニコしているのは？
（写真）

- すごーく古い車は何型？
（ガタガタ）

- お父さんのきらいな果物は、なーんだ？
（パパイヤ）

楽しむためのポイント

「♪ハッ？」の表現を強調しよう

この曲のように、リズム譜だけの歌を「唱え歌」といいます。自由に唱えてもよいのですが、譜面のリズムに合わせるとより軽快な印象になります。「♪なぞなぞ ハッ?」の「♪ハッ?」の言葉と動作を強調することがポイントです。

なぞなぞを1題出題するごとに歌い、ときには出題される側の子どもたちといっしょに歌ってみましょう。

なぞなぞむし

不思議そうに　　　　　　　　　　　　　　　　作詞・作曲／不詳

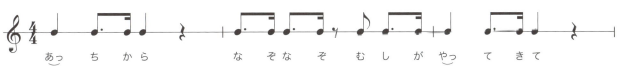

あっちから　なぞなぞむしが　やってきて

こっちから　なぞなぞむしが　やってきて

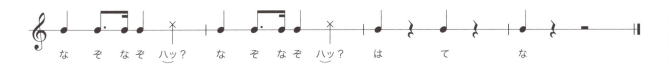

なぞなぞ ハッ？　なぞなぞ ハッ？　はてな

😊 活用シーン　ふだんのあそびに

木登りコアラ

PART 3　4・5歳児　木登りコアラ

1 [1番] のぼるよ のぼるよ コアラー ユーカリのきをー

両手をグーにして、右手の上に左手をのせる。2拍に1回ずつ下のグーを上に重ねてあげていく。

2 ゴーゴーゴー

右手をグーにして3回つきあげる。

3 のぼるよ のぼるよ コアラー

1と同様にする。

4 おひさま こんにち

両手を頭の上でひろげる。

5 は

おじぎをする。

6 ハーロー

片手をあげて振る。

7 おひさま こんにち は ハーロー

4〜6と同様にする。

8 [2番] おりるよ おりるよ コアラー ユーカリのきをー ゴーゴーゴー…

「おりるよ…」は、1の動きを下へおろしていく。「ゴーゴーゴー」は2と同様にする。

9 おやすみなさ い バイバイ おやすみなさ い バイバイ

両手を重ねて頬につけ、「い」で目を閉じ、「バイバイ」で片手を振る。これを繰り返す。

こんなあそび方も♪

♪5歳児は、2本の指を使ってみよう

1と3の「♪のぼるよ…」の両手をグーにして交互に重ねていく動作を、2本の指でやってみましょう。このようなあそびを指尺取りといいます。

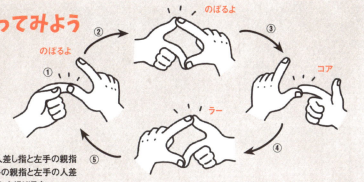

①右手の親指と左手の人差し指をつける。②右手の人差し指と左手の親指をつける。③手首をまわしながら下の指を離す。④右手の親指と左手の人差し指をつける。⑤手首をまわしながら下の指を離す。これを繰り返す。

楽しむためのポイント
多志賀明の代表作を楽しもう

子どものあそびの創作者で、日本創作ゲーム協会の多志賀明の代表作品の1つ。「グー」で登る振り付けも、上記の［こんなあそび方も♪］に紹介した指尺取りによるあそび方も氏によるものです。

「のぼるよコアラ」のタイトルで歌われることがありますが、この譜面が原曲です。

木登りコアラ

作詞・作曲・振付／多志賀 明

1番は朝、2番は夜をイメージして

PART 3　4・5歳児　木登りコアラ

🙂 活用シーン　食育・バスの中で

おべんとバス

手あそび
数を楽しむ

1　1番　おべんとバスがはしります

拍手する。

2　のせて のせてとやってきた

片手をあげて振る。

3　いちーごさん

右手の指を1本出し、次に左手の指を3本出す。

4　にんじんさん

右手の指を2本出し、次に左手の指を3本出す。

5　さくらんぼさん

右手の指を3本出し、次に左手の指を3本出す。

6　ギュッギュッギュッ…ギュッ

両肘をはって、左右に揺する。

2番～4番
「おべんとバスが…やってきた」は、1、2と同様にする。「ギュッギュッギュッ…ギュッ」は、1番より2番…というように、6のしぐさを大きくしていく。

7　2番　しおじゃけさん

右手の指を4本出し、次に左手の指を3本出す。

8　ごぼーうさん

右手の指を5本出し、次に左手の指を3本出す。

9　むきえびさん

両手で6本の指を出し、次に右手で3本の指を出す。

10　3番　なるーとさん

両手で7本の指を出し、次に右手で3本の指を出す。

11　はんぺんさん
両手で8本の指を出し、次に右手の指を3本出す。

12　きゅーうりさん

両手で9本の指を出し、次に右手で3本の指を出す。

13　4番　とんとんとん とんとんとん

「とんとん…」は両手をグーにし、上下に打ち合わせる。

14　とうふさん

両手で10本の指を出し、次に右手で3本の指を出す。

15　ギュッギュッギュッ…ギューッ

6を3番より大きなしぐさでする。

♪ 導入はペープサートを活用しよう

大きめのバスと、歌詞に出てくる食べ物のペープサートを作ります。
歌に合わせて食べ物をバスに乗せていきます。「♪ギュッギュッギュッ」と、だんだん満員になっていく様子を、子どもたちに見せてから手あそびに入ると表現力がアップします。

手あそびの前に十分な言葉かけを

「おべんとバスに、いろいろな食べ物が"乗せて！乗せて！"とやってきたよ。バスはギュウギュウ！　とうふさんがきたんだけど、どうなるかな？」などと話しましょう。あそびの前に歌のイメージをふくらませることが大切です。

おべんとバス

作詞・作曲・振付／阿部直美

親子ドンブリ

😊 活用シーン　保育参観・バスの中で

1 お

両手を軽く握り、両方の親指を立てる。

2 やこ

親指を戻し、両方の小指を立てる。

3 ドンブリ

体の前に両手で輪を作り、左右に振る。

4 おすしに

すしを握るしぐさをする。

5 べんとう

両手の親指と人差し指で、四角を作る。

6 サンドウィッチ

両手で両頬を押さえる。

7 ラムネに

両手でラムネの瓶を持って飲むしぐさをする。

8 サイダー

両手を胸に当て、ゲップをするしぐさをする。

9 ぎゅう

両手をグーにして、胸の前で震わせる。

10 にゅう

両手の親指をスライドさせるように上に出す。

こんなあそび方も♪

♪ゾウさんの大きいドンブリ、アリさんの小さいドンブリ

「ゾウさんのドンブリはこんなに大きいの」「アリさんのドンブリはとっても小さいよ！」などと話しましょう。
「♪ゾウさんのドンブリ…」と歌いながらゆっくりと大きな動作にしたり、「♪アリさんのドンブリ…」と歌いながら速くて小さな動作にしたりしてテンポをかえて楽しみましょう。

♪親子で輪唱にチャレンジしてみよう

この曲は輪唱曲として昭和20年代から小学校で歌われていました。当時の歌い方に挑戦してみましょう。5歳児の保育参観のときなど、子どもが「♪おやこドンブリ」と歌ったら、2小節おくれて保護者が歌い始めます。慣れてきたら動作も加えてみましょう。

楽しむための ポイント
歌詞の解説をしてからあそぼう

「親子どんぶりは、鶏肉と卵のどんぶりご飯」「ラムネは、瓶の中にビー玉が入った飲み物」などと歌詞の解説をしてからあそびに入りましょう。

親子ドンブリ

♩=100 急がずに

作詞／津川主一　外国曲

お　や　こ　ドン　ブ　リ　　おすしにべん　とう　　サン　ド　ウィッチ

ラ　ム　ネ　に　　サ　イ　ダ　ー　　ぎゅう　　にゅう

😊 活用シーン　食事の前後に

たまごで おりょうり

リズムに合わせて

1番
1 たまごを

手のひらを上にして、両手をひろげる。

2 ポンと

「ポン」で大きく1回拍手する。

3 わりまし

両手で両膝を1回たたく。

4 て

1と同様にする。

5 そのまま たべたら

両手をひらひらさせながら、上から下へおろす。

6 なまたまご

右手の人差し指と中指を箸に、左手を茶碗に見立てて食べるしぐさをする。

2番
7 たまごを ポン…めだまやき

★の「たまごを ポン」で、1、2を2回繰り返す。「めだまやき」で両手の親指と人差し指で輪を作って目に当てる。それ以外は1番に準じる。

3番
8 たまごを ポン…と

★の「たまごを ポン」で、手をたたくと見せかけて空振りする。これを3回繰り返す。

9 わらないで

「わら」で両手で両膝を1回たたく。「ないで」で否定のしぐさをする。

10 グラグラゆでたら ゆでたまご

5と同様にした後、「ゆでたまご」で右手をグーにして、三角形を描くように振る。

4番
11 たまごを ポン…ふっくら やいたら

★の「たまごを ポン」で、1、2を何回も自由に繰り返す。それ以外は1番に準じる。

12 ホットケーキ…ホーットケーキ

「ホットケーキ」「おおきなまあるい」「ホーットケーキ」でそれぞれ1回ずつ頭の上に大きな輪を作る。

こんなあそび方も♪

♪体を動かしてみよう

1番を体全体を使った振りであそびましょう。4番の最後は、みんなで輪になります。

1 1番 たまごを
両手両足をひろげる。

2 ポンと
「ポン」で、足を閉じると同時に拍手する。

3 わりまして
「わりまし」で両手で両膝を1回たたき、「て」で両手両足をひろげる。

4 そのままたべたら
両手をひらひらさせて足踏みする。

5 なまたまご
右手の人差し指と中指を箸に、左手を茶碗に見立てて食べるしぐさをする。

4番 たまごを…ふっくらやいたら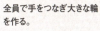
輪になって上の 1〜4 まで同様にする。

ホットケーキ おおきな…ホーットケーキ
全員で手をつなぎ大きな輪を作る。

楽しむためのポイント
作品を知ろう

「たまごで おりょうり」は、日本ではじめて作られた「手遊び・指遊び」のレコード（1979年、ビクター）に小鳩くるみ（わしづなつえ）の歌唱で収録され、ひろまった作品です。

たまごで おりょうり

♩= 104 あそびのテンポで　　作詞／佐倉智子　作曲／わしづなつえ　振付／阿部直美

★で「たまごをポン」を、2番は2回、3番は3回、4番は自由に何回も繰り返す。

活用シーン　お誕生会・保育参観に

おなべふ

●2人で向かい合う。

1　おなべふおなべふ…

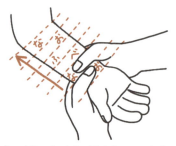

1人が手のひらを上に向け、片腕を差し出す。もう1人がその腕をとって、左右の親指を交互に手首から肘のほうに「お、な、べ、ふ」と言いながら進める。

2　な

肘の内側まできたら、肘を折り、そのとき「お」で終わっていたら「おりこうさん」、「な」なら「なきむし」、「べ」なら「勉強家」、「ふ」なら「ふざけんぼう」などと言う。

こんなあそび方も♪

♪お誕生会のプレゼントにも

2・3歳児のお誕生会で、保育者が誕生児に「おなべふ」をやります。「お」で終わったら「大きなカブのおもちゃ」、「な」は「七色のリボン」、「べ」は「ベビーベッド」、「ふ」は「福袋」など、ユニークなものを用意し、プレゼントしてもよいでしょう。

楽しむためのポイント

楽しいことを題材にしよう

古くから伝承されている手あそび占いです。本来は「お」はお金持ち、「な」は泣き虫、「べ」は勉強家、「ふ」は不良と、よいこと、悪いことを交互に組み合わせて唱えていました。子どもの場合は楽しいことやよいことを中心に唱えましょう。

おなべふ
ゆっくり唱える　　　　　　　　　　　　　　　　　　わらべうた

活用シーン ふだんのあそび・活動の切りかえに

茶ちゃつぼ

 ちゃ

パーにした右手をグーにした左手の上にのせる。

2 ちゃ

左手は動かさず、パーにした右手を左手の下に当てる。

3 つ

パーにした左手をグーにした右手の上にのせる。

 ぼ

右手は動かさず、パーにした左手を右手の下に当てる。

5 ちゃつぼ …ふた にしょ

1〜4 を最後まで繰り返す。最後は1で終わる。

こんなあそび方も♪

♪リレー方式で
5人組を作ります。1人が1〜4の振りを1セットとして、リレー方式に次の人へ順番に送っていくあそびです。最初は間違わないように、ゆっくりやりましょう。

楽しむためのポイント

茶つぼについて話そう
お茶を保管する入れ物が「茶つぼ」。グーの手がつぼで、パーの手がふたを表していることを説明してからあそびに入りましょう。

茶ちゃつぼ

わらべうた

楽譜内の番号は、振りの番号と対応しています。

活用シーン　ふだんのあそび・活動の切りかえに

くもちゃん ゆらゆら

手あそび／リズムに合わせて

4・5歳児

1　くもちゃん ゆらゆら すを つくります

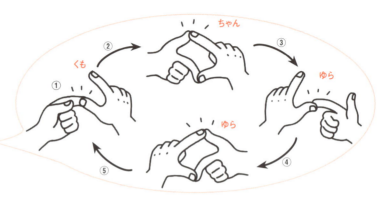

①右手の親指と左手の人差し指をつける。②右手の人差し指と左手の親指をつける。③手首をまわしながら下の指を離す。④右手の親指と左手の人差し指をつける。⑤手首をまわしながら下の指を離す。これを繰り返す。

2　ざあざあ あめふって ながされて

両手を上から下へおろすしぐさを繰り返す。

3　おひさま にこにこ かお だしました

両手の人差し指と親指で輪を作り、揺らしながら頭上にあげる。

4　くもちゃん もいちど ゆらゆらり

1と同様にする。

楽しむためのポイント

保育者が見本を見せてから

北欧から北米にかけて広く知られている「Eency Weency Spider（ちっちゃなクモ）」が原曲です。NHK「みんなのうた」などの制作に携わった番組ディレクターの後藤田純生（志摩桂）によって紹介されたあそび歌です。まずは、保育者がやってみせて興味を引くとよいでしょう。

こんなあそび方も♪

♪「指尺取り」に挑戦しよう

日本のわらべうたでは、「指尺取り」「指ぐり」「指取り」などと呼ばれ、指の動きでリズムをとるあそびがあります。世界中にいろいろな形があり、日本でひろまっているやり方であそんでみましょう。一定のリズムで規則的に指を動かします。

基本のポーズ	1 くも	2 ちゃん	3 ゆら	4 ゆら	5 すを つくります …ゆらゆらり

両手の人差し指と親指で三角形を作る。	左手の親指を右手の人差し指にくっつける。	左手の人差し指を伸ばす。	右手の親指を左手の親指にくっつける。	右手の人差し指を伸ばして再び三角形を作る。	1〜4を最後まで繰り返す。

くもちゃん ゆらゆら

ゆっくりと

訳詞／志摩 桂　欧米各国のあそび歌

くもちゃん ゆらゆら すをつくります ざあざあ

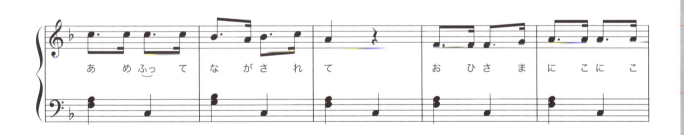
あめふって ながされて おひさま にこにこ

かおだしました くもちゃん もいちど ゆらゆらり

😊 活用シーン　外あそび・劇あそびに

5つのメロンパン

1 [1番] パンやに いつつの メロンパン

左手をひらき、5本の指を出す。

2 ふんわり まるくて

両手で丸い形を作る。

3 おいしそう

両人差し指で両頬を押さえる。

4 こどもが おみせに やってきて

右手の人差し指を子どもに見立て、ひらいた左手に近づける。

5 メロンパン ひとつ かってった

右手で左手の親指をさわった後、親指を折り、右手の人差し指を離していく。

6 [2番] パンやに よっつの メロンパン…かってった

指を4本にかえて、1番に準じる。**5** では左手の小指も折る。

7 [3番] パンやに みっつの メロンパン…かってった

指を3本にかえて、1番に準じる。**5** では左手の薬指も折る。

8 [4番] パンやに ふたつの メロンパン…かってった

指を2本にかえて、1番に準じる。**5** では左手の中指も折る。

9 [5番] パンやに ひとつの メロンパン…かってった

指を1本にかえて、1番に準じる。**5** では左手の人差し指も折る。

こんなあそび方も♪

♪屋外でやってみよう

地面に円を描き、パン屋に見立てます。メロンパン役の5人の子が円の中に入ります。円の外にはお客さん役の子が1人立ちます。みんなで拍手しながら歌い「♪メロンパン ひとつ…」でお客さんはメロンパン役の子を1人選び、手をつないで円の外に連れ出します。2番は、お客さんが2人に増えて同じようにメロンパン役の子を1人選んで連れていきます。これを繰り返します。

♪劇仕立てであそぼう

「♪こどもが おみせに やってきて」の後、保育者がパン屋、子どもがお客さんになりきって会話を楽しみましょう。「パン屋のおばさん、メロンパン1つくださいな！」「はーい！ ありがとう！」などと歌詞につながるやりとりをします。コスチュームなども工夫をこらすと劇あそびふうになり、さらに盛り上がります。

楽しむためのポイント

歌の続きを考えよう

「パンが全部売れたので、パン屋さんは次にアンパンを作りましたよ」などと、歌の続きを考えてあそんでも楽しいでしょう。

買われていくパンの指の順番は、自由にかえます。

5つのメロンパン

訳詞／中川ひろたか　イギリスのあそび歌

PART 3 — 4・5歳児

活用シーン　食育・バスの中で

いわしのひらき

手あそび / 数を楽しむ

1番

1 ソレ ズンズン チャッチャ

「ソレ」はかけ声のみ。両手を波のように動かす。

2 ズンズン チャッチャ

1と反対の方向に動かす。

3 ズンズン チャッチャ

両手を波のように動かす。

4 ホッ

左手の手のひらを外向きにして右頬につける。

5 いわしの

両手の人差し指を合わせ、前に出す。

6 ひらきが

両手を外側にまわしてひらく。

7 しおふいて

両手を握り、胸の前で合わせる。

8 パッ

両手をひらいて、勢いよくあげる。

2番

9 …にしんの ひらきが…

1番と同様にする。5、6は2本の指にかえる。

3番

10 …さんまの ひらきが…
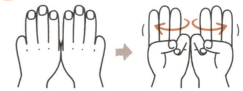
1番と同様にする。5、6は3本の指にかえる。

4番

11 …しゃーけの ひらきが…
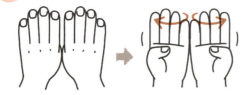
1番と同様にする。5、6は4本の指にかえる。

5番

12 …くじらの ひらきが…
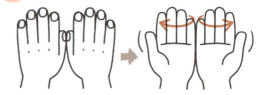
1番と同様にする。5、6は5本の指にかえる。

こんなあそび方も♪

♪「パッ」の表現に変化をつけよう

最後の「♪パッ」と潮をふく動作を、大きさに合わせて変化をつけます。小さなイワシは小さく「♪パッ」。大きなシャケは「♪ブファッ！」。いちばん大きなクジラは「♪ピューッ！ ドッカーン！」など、動きも工夫してみましょう。

♪2人1組でリズムあそび

2人1組になって「♪ズンズン チャッチャ」のリズムをとってみましょう。「♪ズンズン」で1回拍手をし、「♪チャッチャ」で、お互いの両手を2回合わせます。これを繰り返してあそびましょう。

楽しむためのポイント
移動中の気分転換に

「あじのひらき」と歌われる地域もありますが、ここでは数字を折り込んで「1」は「イワシ」など語呂合わせになっています。遠足のバスなど、長時間の移動時に気分転換として役立ちます。

いわしのひらき

作詞・作曲／不詳　採譜／シマダナオミ

PART 3　4・5歳児　いわしのひらき

PART 3 4・5歳児

じゃがいも 芽だした

● 活用シーン 食育・栽培活動に

● 2人組になり、向かい合う。

 じゃがいも

右手をグーにして左胸につける。左腕を交差させ、腕を組む。

 めだした

腕を組んだまま、右手の親指を立てる。

3 はなさきゃ

右手をパーにひらく。

 ひらいた

右手の手のひらを外に向ける。

 はさみで

右手をチョキにし、指を立てる。

 ちょんぎるぞ

右手のチョキを外に向ける。

 エッサッサの

両手をグーにして、胸の前でまわす。

 サッ

ジャンケンをする。

こんなあそび方も♪

♪ジャンケンに負けたら罰ゲームで楽しさアップ！

あそびに慣れてきたら、勝敗がつくまでジャンケンを繰り返しましょう。勝敗が決まったら、勝った子が負けた子をくすぐるなど、楽しいルールを決めておくとさらに盛り上がります。
3歳児は最後のジャンケンに勝負をつけなくても十分に楽しめます。

♪花が咲く野菜の替え歌であそぼう

「♪じゃがいも」を「♪カボチャ」などにかえて、歌ってみましょう。「♪たけのこ めだした」と歌われることがありますが、竹の花は数十年に一度くらいしか咲かず、しかも花は稲穂の形です。5歳児は花が咲く野菜で替え歌を考えましょう。

楽しむためのポイント
ジャガイモを観察しよう

本物のジャガイモの芽を子どもたちといっしょに観察してみると、歌に対する興味がさらに深まります。
また、ジャガイモの芽はソラニンという毒素が含まれているので、食べてはいけないことも知らせるとよいでしょう。

じゃがいも 芽だした

😊 活用シーン　ふだんのあそび・読み聞かせの前に

いちにのさん

1 いち

両手の人差し指を立てる。

2 にの

両手の指を2本ずつ出す。

3 さん

両手の指を3本ずつ出す。

4 にの

両手の指を2本ずつ出す。

5 しの

両手の指を4本ずつ出す。

6 ご

両手の指を5本ずつ出す。

7 さん いち にの しの にの しの ご

歌詞に合わせて、両手の指をその数ずつ出す。

こんなあそび方も♪

♪振り付けをレベルアップ！

5歳児は親指から順番に指を出していく振り付けに、挑戦してみましょう。

1 いち
親指を出す。

2 にの
親指、人差し指を出す。

3 さん
親指、人差し指、中指を出す。

4 にの
中指を折る。

5 しの
親指以外の指を出す。

6 ご
全部の指を出す。

楽しむためのポイント

「♪にの」の指に注意して少しずつ速く

歌に合わせてすばやく指を対応させる「指あそび」です。最初はゆっくりと、片手から始めましょう。

特に「♪にの」のチョキの形がスムーズに出せない子もいます。クラス全員ができるかどうかを確かめてから、少しずつテンポを速くしていきます。

読み聞かせの前など、子どもたちの気持ちを集中させたいときに、あそんでもよいでしょう。

いちにのさん

リズミカルに　　　　　　　　　　　　　　　　　　わらべうた

PART 3 4・5歳児 うさぎとかめ

😊 活用シーン　保育参観・みんなが集まる場に

うさぎとかめ

1 1回目　もしもし

右手をパーにして前へ出し、同時に左手をグーにして腰に当てる。

2 かめよ

左手をパーにして前へ出し、同時に右手をグーにして腰に当てる。

3 かめさんよ…そんなにのろいのか

1、2を最後まで繰り返す。

4 2回目　もしもし…のろいのか

右手をグーにして前、左手をパーにして腰に当てるやり方で、1回目同様に最後まで繰り返す。

こんなあそび方も♪

♪ 2つのパターンに挑戦しよう

パーを前に出すやり方は誰でも簡単にできますが、グーを前に出すパターンになると、自分の考えている手が出せません。やろうと思ってもできないおもしろさが笑いをさそうゲームです。保育参観などで、保護者が挑戦しても楽しいリズムゲームです。

楽しむためのポイント

音に注意しよう

13小節目の「♪どうして」の「♪して」の音は、「ドラ」と歌いがちですが「ドド」です。音に気をつけましょう。

うさぎとかめ

あそびのテンポで　　　　　　　　　　　　　　　作詞／石原和三郎　作曲／納所弁次郎

もしもし　かめよ　かめさん　よ　せかいの　うちで　おまえほ　ど

あゆみの　のろい　ものはな　い　どうして　そんなに　のろいの　か

😊 活用シーン　ふだんのあそびに

おちゃらか

ふたりで／わらべうた

● 2人組になり、向かい合う。

1 せっせっせの よいよいよい

手をつなぎ、上下に軽く振る。

2 おちゃ

手を上下にして1回たたく。

3 らか
右手は相手の手をたたき、左手は相手の手を受ける。

4 おちゃらか…ホイ

2、3を繰り返す。「ホイ」でジャンケンをする。

5 おちゃらか かったよ（まけたよ）／どうじで おちゃらかホイ

2、3の後、勝った子は「かったよ」と歌いながら両手をあげ、負けた子は「まけたよ」と歌いながらおじぎをする。あいこのときは「どうじで」と歌いながら、腰に手を当てる。「おちゃらかホイ」は4と同様にする。

こんなあそび方も♪
♪ジャンケンポーズをアレンジ！

♪かったよ　力こぶのポーズをする。
♪まけたよ　泣くしぐさをする。
♪どうじで　両手を合わせる。

おちゃらか
あそびのテンポで　　わらべうた

PART 3　4・5歳児　おちゃらか

0歳児／1歳児／2歳児／3歳児／4歳児／5歳児

143

アルプス一万尺

😊 活用シーン　ふだんのあそびに

ふたりで / リズムに合わせて

●2人組になり、向かい合う。

1 1番 ア

1回拍手する。

2 ル

右手同士を打ち合わせる。

3 プ

1回拍手する。

4 ス

左手同士を打ち合わせる。

5 いち

1回拍手する。

6 まん

両手を1回打ち合わせる。

7 じゃ

1回拍手する。

8 く

それぞれ両手を組んだままで、手のひらを合わせる。

9 こやりのうーえで…ラララララー　2・3番

1～8を繰り返す。
2・3番は1番と同様にする。

♪ こんなあそび方も♪

♪振り付け簡単バージョン

4歳児は、難易度をさげてあそびましょう。向かい合って椅子に座ります。

1 アル

両手で自分の両膝を1回たたく。

2 プス

両手のひらを1回合わせる。

3 いちまん

1と同様にする。

4 じゃく

それぞれの両手を組んだままで、手のひらを合わせる。これを繰り返す。

♪屋外ではみんなで輪になって

屋外ではフォークダンスのように振り付けて踊ってみましょう。

1 アルプス…うーえで
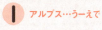
全員で輪になり時計まわりに歩く。

2 アルペンおどりをおどりましょう ヘイ

その場で足踏みしながら拍手をし、2人で向かい合う。

3 ランラララ…ラララララー

2人1組で両手をつなぎ、スキップでひとまわりして、1に戻る。

アルプス一万尺

作詞／不詳　アメリカ民謡

😊 活用シーン　お誕生会・夏期保育に

だいくのキツツキさん

1 みどりのもりかげに

歌に合わせて拍手する。

2 ひびくうたは

片方ずつ耳に手を当て左右に揺れる。

3 だいくのキツツキさん
両手をグーにして、上下に重ね交互に打ち合わせる。

4 せいだすうた

両腕を体の横で曲げ、力こぶのポーズをとる。

5 ホールディーアー

両手で両膝を小さくたくさんたたく。

6 ホール
両手で両膝を大きく1回たたく。

7 ディヒッ

1回拍手する。

8 ヒア

指を1回鳴らす。

9 ホールディクック…ホールディヒッヒア

6〜8を6回繰り返す。

10 ホ

6と同様にする。

11 ホールディーアー…ホ

2回目も、5〜9と同様にする。最後の「ホ」は5と同様にする。

♪「サッ」「ハッ」「ホッ」「ベー」であそぼう

5歳児は❶～❹まで歌ったら、保育者が楽譜のⒶにセリフを入れ、＊に「サッ」「ハッ」などを加えながら「♪ホールディーアー…」を歌います。

1回目 Ⓐ「突然何かサッと通りました」と言い、＊印に「サッ」の振りを入れながら❺～❾を行う。

2回目 Ⓐ「キツツキさんはハッとびっくり！」と言い、＊印に「サッ」「ハッ」の振りを入れながら❺～❾を行う。

3回目 Ⓐ「かわいいリスさんだったのでホッとしました」と言い、＊印に「サッ」「ハッ」「ホッ」の振りを入れながら❺～❾を行う。

4回目 Ⓐ「でもリスはキツツキに向かってアカンベーをしたんだって」と言い、＊印に「サッ」「ハッ」「ホッ」「ベー」の振りを入れながら❺～❾を行う。

だいくのキツツキさん

訳詞／宮林茂晴　オーストリア民謡

楽譜のⒶ・＊は、[こんなあそび方も♪]で使用します。2回目以降の繰り返しはⒶに戻ります。

😊 活用シーン　進級・卒園のころに

おおきくなったら

1
1番
おおきくなったら なんになる
おおきくなったら なんになる

「おおきくなったら」で右側で4回、「なんになる」で左側で4回拍手する。これを繰り返す。

2
いちのゆーびで なんになる
チクッとちゅうしゃの おいしゃさん

片方の手の人差し指を出し、次にもう片方の腕に注射をするしぐさをする。

3
2番
…にーのゆーびで なんになる
かみのけきーるよ とこやさん

1と同様にしてから、片方の手の指を2本出し、次にはさみで髪を切るしぐさをする。

4
3番
…さんのゆーびで なんになる
クリームまぜるよ ケーキやさん

1と同様にしてから、片方の手の指を3本出し、次に反対の手のひらをかき混ぜるしぐさをする。

5
4番
…よんのゆーびで なんになる
みんなをまもるよ おまわりさん

1と同様にしてから、片方の手の指を4本出し、次に敬礼をするしぐさをする。

6
5番
…ごーのゆーびで なんになる
どすこい どすこい おすもうさん

1と同様にしてから、片方の手の指を5本出し、次に反対の手もパーにして両手を前に交互につき出す。

こんなあそび方も♪

♪歌詞を工夫しよう グーチョキパーで何ができる？

「グー」「チョキ」「パー」の形を使って、同様にあそんでみましょう。たとえば「♪グーとチョキで なんになる グーとチョキで なんになる りょうほうあわせて なんになる ゆっくりあるくよ カタツムリ」など、歌詞も工夫します。

楽しむためのポイント

替え歌の工夫がポイント いろいろな職業を表現しよう

「山ごや いっけん」（192ページ）のメロディーを元にした替え歌です。卒園や進級のころには「大人になったら何になりたい？」と問いかけながら、職業を表現する替え歌を作るなど、歌詞の工夫が楽しめる1曲です。

♪両手の指で何ができる？

両手の指を使った替え歌を作ってみましょう。指の数に合わせて、どんなものに変身するか子どもとアイデアを出し合っても楽しめます。

1　いちのゆびで なんになる
　　いちのゆびで なんになる
右手の人差し指を出し、次に左手の人差し指を出す。

2　りょうほうあわせて なんになる
右手、左手の順に頭の横につける。

3　まめまき にげだす あかおにさん
両手を鬼のつのに見立てて、左右に揺れる。

おおきくなったら

作詞／不詳　アメリカ民謡

快活に

1.～5. おおきくなったら なんになる おおきくなったら なんになる

いちのゆーびで なんになる	チクッとちゅうしゃの	おいしゃさん
にーのゆーびで なんになる	かみのけきーるよ	とこやさん
さんのゆーびで なんになる	クリームまぜるよ	ケーキやさん
よーのゆーびで なんになる	みんなをまもるよ	おまわりさん
ごーのゆーびで なんになる	どすこいどすこい	おすもうさん

149

😊 活用シーン　ふだんのあそび・活動の切りかえに

桃太郎

●2人組になり、向かい合う。

1 も

左手の手のひらを上に向け、右手で1回たたく。

2 も

右手で相手の左手のひらをたたく。

3 たろうさん ももたろう

1、2を繰り返す。

4 さん

2人とも同時にグーを出す。

5 おこしにつけた きびだん

1、2を繰り返す。

6 ご

2人とも同時にチョキを出す。

7 ひとつ わたしにください

1、2を繰り返す。

8 な

2人とも同時にパーを出す。

こんなあそび方も♪

♪全員で輪になって

みんなで輪になります。自分の手を1回、次に右手で右隣の人の左手のひらを1回たたきます。❹、❻、❽は輪の中心に向かってグー、チョキ、パーの手を出します。

♪ジャンケンをしよう

❹の「♪さん」、❻の「♪ご」、❽の「♪な」でジャンケンをします。3回のうち、勝った数が多いほうが勝ちです。

楽しむためのポイント
タイミングよく出そう

「桃太郎」は1911年に『尋常小学唱歌』に発表され、リズミカルで覚えやすい歌詞とメロディーによって現在まで歌い続けられています。4小節ごとに休符が入ります。休符でグー、チョキ、パーをタイミングよく出すあそび方は、昭和に入ってから子どもたちの間でひろまったあそび方です。

桃太郎

あそびのテンポで　　　　　　　　　　　　　　文部省唱歌　作曲／岡野貞一

もも たろう さん　もも たろう さん
お こし に つけた　き び だん ご
ひ とつ わ たし に く ださ い な

PART 3 4・5歳児

みかんの花咲く丘

😀 活用シーン　ふだんのあそびに

リズムに合わせて

● 2人組になり、向かい合う。

1 み
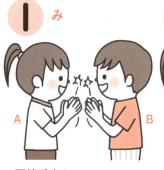
1回拍手する。

2 ー

右手の甲同士を合わせる。

3 か

右手のひら同士を打ち合わせる。

4 ん

1回拍手する。

5 ー

左手の甲同士を合わせる。

6 の

左手のひら同士を打ち合わせる。

7 は

1回拍手する。

8 ー

右手を下向き、左手を上向きにして手のひらを打ち合わせる。

9 な

右手を上向き、左手を下向きにして手のひらを打ち合わせる。

10 が

Aが上、Bが下で1回拍手する。

11 ーー

Aが上、Bが下で手のひら同士を打ち合わせる。次に手を上下反対にして、打ち合わせる。

12 さーいているー …かすんでるー

1〜11を最後まで繰り返す。

♪こんなあそび方も♪

♪簡単な手合わせから始めよう

4歳児は全体を3拍子にとり、拍手2回と両手合わせ1回を繰り返す、シンプルな手合わせから始めるとスムーズです。

| 向かい合って、2回拍手する。 | 両手を1回打ち合わせる。 | 2回拍手する。 | 両手を1回打ち合わせる。以下同様のリズムであそぶ。 |

♪慣れたら少し難易度アップ！

8分の6拍子のリズムに慣れるように、手拍子1回→片手を2回打ち合わせるやり方に挑戦してみましょう。
左ページの手の合わせ方が、いちばん難易度の高いあそび方です。

| 向かい合って、1回拍手する。 | 右手同士を2回打ち合わせる。 | 1回拍手する。 | 左手同士を2回打ち合わせる。以下同様のリズムであそぶ。 |

みかんの花咲く丘

あそびのテンポで　　　　　　　　　　　　　　　作詞／加藤省吾　作曲／海沼 実

竹やぶのなかから

😊 活用シーン　ふだんのあそび・劇あそびに

ふたりで／わらべうた

● 2人組になり、向かい合う。

1　たけやぶの なかから おばけが

左手の手のひらを上に向け、右手で1回たたく。次に右手で相手の左手のひらを1回たたく。これを繰り返す。

2　フワフワ

両手の力を抜いて、おばけのように振る。

3　おばけの…おまわりさんが エッヘンオッホン

❶の後、「エッヘンオッホン」で右、左の順で人差し指で鼻の下に漢字の八の字のひげを描く。

4　おまわりさんの…おそばやさんが ドッコイドッコイ

❶の後、「ドッコイドッコイ」でおそばをかつぐしぐさをする。

5　おそばやさんの… おしょうさんが ポクポク

❶の後、「ポクポク」で左手を握って木魚に見立て、右手の人差し指でたたく。

6　おしょうさんの… パラリコさんが パラパラ

❶の後、「パラパラ」で両手をあげ、手のひらをひらひらと振る。

7　いっせんひろって

お金を拾うしぐさをする。

8　ジャンケンポン

ジャンケンをする。

こんなあそび方も♪

♪「♪ジャングルの なかから」誰が来る？

動物の替え歌を作ってみましょう。「♪ジャングルの なかから ゾウさんが パオーンパオン ゾウさんのあとから ゴリラさんが…」など、動きに特徴のある動物を題材にします。

竹やぶのなかから

PART 3 4・5歳児 どっちひいてポン

活用シーン ふだんのあそび・保育参観に

どっちひいてポン

ふたりで / リズムに合わせて

● 2人組になり、向かい合う。

1 みぎてでポン

「ポン」で、2人とも右手でジャンケンをする。

2 ひだりてポン

右手は**1**のまま、「ポン」で、左手でジャンケンをする。

3 どっちひいてポン

「どっちひいて」で、相手の手をよく見て、引く手を決め、「ポン」で勢いよく片手を引く。残っている手で勝負を決める。

こんなあそび方も♪

♪親子あそびでは罰ゲームで盛り上がろう！

親子であそぶときは、「ジャンケンに勝った人が負けた人に、肩たたきをしてもらう」など罰ゲームを作ってみましょう。「ものまねをする」「一発ギャグをする」「歌を歌う」「片足で10秒立つ」などユニークな罰ゲームを考えましょう。

楽しむためのポイント

歌い方に変化をつけて

「♪みぎてでポン ひだりてポン」は少しゆっくりと、普通の声量で歌います。「♪どっちひいてポン」は2人で声をそろえて元気に歌いましょう。最後の「♪ポン」を迫力満点に歌うとジャンケンが盛り上がります。ジャンケンの中でも難易度の高い「両手ジャンケン」というあそびです。

どっちひいてポン

元気に語りかけるように

作詞・作曲・振付／中谷真弓

みぎてでポン　ひだりてポン　どっちひいて　ポン

活用シーン　ふだんのあそびに

でんでら りゅうば

わらべうた

1 でん

グーにした右手で、パーにした左手のひらを1回たたく。

2 でら

右手の親指で、パーにした左手のひらを1回たたく。

3 りゅう

チョキにした右手で、パーにした左手のひらを1回たたく。

4 ば

右手の人差し指と小指で、パーにした左手のひらを1回たたく。

5 でてくる…こんこん

楽しむためのポイント
長崎の方言を楽しんで
長崎を中心にひろまったわらべうたで、「出られるなら出て行きますが、出られないから出て行きません」という様子を歌っています。

1〜4を最後まで繰り返す。

でんでら りゅうば
あそびのテンポで　　　　　　　　　　　　　　　　　　　　　　　　　　　　　　　　わらべうた

楽譜内の番号は、振りの番号と対応しています。

😊 活用シーン　身体測定の前後に

Head, Shoulders, Knees and Toes

リズムに合わせて

●椅子に座る。

1 Head shoulders knees and toes, knees and toes, … knees and toes,

両手で、頭、肩、膝、つま先、膝、つま先の順にさわる。これを繰り返す。

2 And eyes and ears and mouth and nose,

両手で、目、耳、口、鼻の順にさわる。

3 Head shoulders, knees and toes, knees and toes.

両手で、頭、肩、膝、つま先、膝、つま先の順にさわる。

こんなあそび方も♪

♪「だんまり歌」にチャレンジ！

歌詞の一部を声に出さずに歌い、動作だけをするあそび方を「だんまり歌」といいます。1回目は「♪Head」を歌わず動作のみにし、それ以外は歌って動作します。2回目は「♪Head shoulders」を歌わないで…というように、少しずつ難易度を上げていきましょう。あそびに慣れたらテンポを速くすると、大人でも間違えてしまいます。
この詞の1〜6小節までを「あたま かた ひざ ポン」（166ページ）のメロディーで歌われることもあります。

Head, Shoulders, Knees and Toes

あそびのテンポで　　　　　　　　　　　　　　　　　　　　　　　イギリス・アメリカ民謡

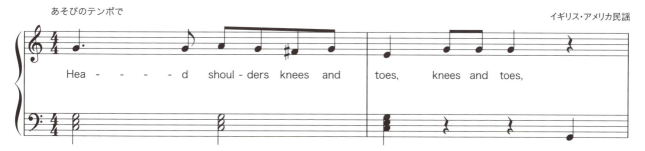

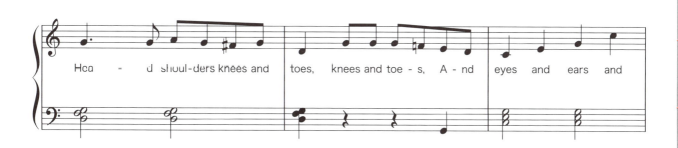

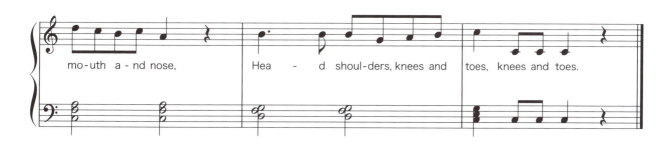

😊 活用シーン　ふだんのあそび・発表会に

Are You Sleeping?

1
Are you sleeping,
Are you sleeping,

右方向に眠るしぐさをする。

2
Brother John,
Brother John?

左方向に眠るしぐさをする。

3
Morning bells are
ringing …ringing.

8回拍手する。

4
Ding, Dong, Ding !
Ding, Dong, Ding !

両手をグーにして上で1回合わせ、次に左右にひらき、最後に胸の前で1回合わせる。

♪輪唱にチャレンジ
こんなあそび方も♪

2つのグループに分かれます。最初のグループが2小節を歌ったら次のグループが歌い始めます。振り付けもつられないように挑戦しましょう。

輪唱にふさわしい1曲
楽しむためのポイント

5歳児は4つのグループに分かれての、4分輪唱もさらに聞き応えがあります。「グーチョキパーでなにつくろう」（202ページ）はこの歌の替え歌です。

Are You Sleeping?

急がずに　　　　　　　　　　　　　　　　　　　　　　　　　フランス民謡

保育の
目的別
手あそび
うたあそび

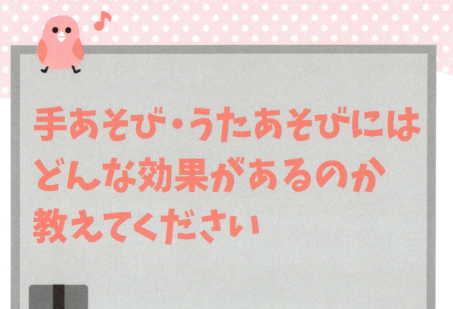

手あそび・うたあそびには どんな効果があるのか 教えてください

緊張した気持ちが ほぐれて仲よくなる

0・1歳児は、見知らぬ人に対して緊張します。けれど相手が「いないいないばあ」などとリズミカルな言葉をかけるだけで心の扉をひらき、笑顔になります。さらになでたりさすったりしながら歌えば、もっと喜びます。手あそび・うたあそびには心をリラックスさせる効果があるといえるでしょう。低年齢児は特に気分の落ち着いているときを見計らって、ゆっくり笑顔で歌いかけます。1つのあそびを2〜3回繰り返しましょう。長くあそび続ける必要はありませんが、毎日続けることが大切です。

集中したり、気持ちをひきつけたり、気分をかえる

　手あそびは、子どもの心を1つにまとめる力があります。集中させたいとき、気分をかえたいときに、本書の定番の手あそびのような、誰もが知っていて、間違えずに振りができるものを取り上げるとよいでしょう。特に2・3歳児は、「知ってる、できるよ」というあそびに前向きに参加します。失敗しない安心感のある定番の手あそびを用意しておきましょう。ただし、いつも集中させる手段として使っていると、あそびそのものの楽しさがなくなってしまうので注意しましょう。

季節や行事について深く知ることができる

　季節や行事に応じて、うまく活用してみましょう。日本は四季の移り変わりがはっきりしている国です。季節やそれに関連する行事などをテーマにした童謡やあそび歌がたくさんあります。「なぜなの?」「どうして?」といった質問を頻繁にする4・5歳児には歌を通して、その答えを知らせることも効果的です。「カタツムリは雨降りの日が好きなんだね」「おもちつきは、つく人とこねる人がいるよ」など、手あそび・うたあそびを通して四季や行事の意味を深く知るきっかけが生まれることでしょう。

集団でリズムに合わせてあそぶことで連帯感が生まれる

　3歳児ぐらいからは、3、4人のグループであそぶことができるようになってきます。けれども、まだ結びつきが弱く、同じ仲間で継続してあそぶことができません。そのような場面では、保育者が中心となり、「むっくりくまさん」や「フルーツバスケット」のようなリズムゲームであそぶとよいでしょう。リズムゲームは歌詞やメロディーがあることによってあそびのルールがより具体的になります。「ソレ」と歌ったら追いかける、「ジャンケンポン」と歌いながらジャンケンの勝負をするなど、タイミングがとりやすいので大勢がいっせいにそろってあそぶことができます。

　こうしたルールのある集団あそびを繰り返す中で連帯感、協調性、コミュニケーション能力などが育まれ、5歳になるころには、保育者を交えずに自分たちだけで集団あそびができるようになります。室内だけでなく、戸外でのびのびと体を動かしてあそんでみましょう。

PART 4
定番

子どもが大好きな人気曲を集めました。親しみやすい曲なので、保育参観などの行事にもぴったり。子どもといっしょに歌詞や振り付けを工夫すると、さらにあそびが発展します。

PART 4 定番 あたま かた ひざ ポン

😊 活用シーン　身体測定の前後に

あたま かた ひざ ポン

1 あたま

両手を頭に当てる。

2 かた

両手を肩に当てる。

3 ひざ

両手を膝に当てる。

4 ポン

1回拍手する。

5 ひざ ポン ひざ ポン　あたま かた ひざ ポン

❸、❹を2回繰り返してから、❶～❹と同様にする。

6 め

両手を目に当てる。

7 みみ

両手を耳に当てる。

8 はな

両手を鼻に当てる。

9 くち

両手を口に当てる。

0歳児　1歳児　2歳児　3歳児　4歳児　5歳児

こんなあそび方も♪

♪小さい子との コミュニケーションに

0・1歳児は、保育者の膝の上に座り、後方から保育者が手を添えてあそびます。テンポをゆっくりとって、大きなしぐさで体にふれましょう。
ときには子どもの目を見てコミュニケーションをとり、安心感を与えましょう。

♪「♪ポン」の回数を 増やしてあそぼう

3〜5歳児は「♪ポン」のところを2回目は「♪ポンポン」と歌い、2回拍手。同様に3回目は「♪ポンポンポン」で3回拍手…と増やしてみましょう。ゆっくりとあそぶのがコツです。

楽しむためのポイント
「ロンドン橋」の替え歌

「London Bridge Is Falling Down」（264ページ）、日本名では「ロンドン橋」という曲の替え歌です。このメロディーに「Head, Shoulders, Knees and Toes」と英詞をつけて歌われることもあります。
「Head, Shoulders, Knees and Toes」は英語の同名の曲（158ページ）がありますが、メロディーが異なるので注意してください。

あたま かた ひざ ポン

あそびのテンポで

作詞／不詳　イギリス民謡

PART 4 定番　あたまかたひざポン

0歳児／1歳児／2歳児／3歳児／4歳児／5歳児

167

PART 4 定番 大きな栗の木の下で

😊 活用シーン　ふだんのあそび・活動の切りかえに

大きな栗の木の下で

1 おおきな くりの

両手を左右にひろげてから、大きな木を抱えるしぐさをする。

2 きの

両手を頭に当てる。

3 した

両手を肩に当てる。

4 で

両手をおろす。

5 あなーたと

前にいる人をさすように、人差し指を出す。

6 わたし
人差し指で自分をさす。

7 なか

右手を左胸に当てる。

8 よく

左手を交差させて右胸に当てる。

9 あそびましょう

❽のポーズのまま、左右に揺れる。

10 おおきな くりの

❶と同様にする。

11 きの した

❷、❸と同様にする。

12 で

❹と同様にする。

0歳児 1歳児 2歳児 3歳児 4歳児 5歳児

168

こんなあそび方も♪

♪小さな振り付けを楽しもう

0・1歳児は、保育者の膝の上に座り、後方から保育者が手を添えてあそびます。2歳児は向かい合って座り、あそびましょう。
歌詞を「♪ちいさな くりの きの したで…」とアレンジし、振りを小さくしても楽しめます。

♪いろいろな「木」であそぼう

3～5歳児は「♪おおきな くりの きの したで」のところを「♪おおきな マツの…」「♪おおきな ヤナギの…」などと特徴のある木にかえ、振り付けも工夫してみましょう。
「♪あなたとわたし」のところは、子どもの名前にかえて歌っても盛り上がります。

楽しむためのポイント
広い場所であそぼう

原題は「枝を広げた栗の木の下で」という歌。英語圏の国でひろく歌われている子どものあそび歌です。

立って体を大きく使って動く歌なので、広いスペースを使ってゆったりとあそびましょう。

大きな栗の木の下で

あそびのテンポで　　　　　　　　　　　　　　　　　作詞／不詳　イギリス曲

PART 4 定番　大きな栗の木の下で

0歳児 / 1歳児 / 2歳児 / 3歳児 / 4歳児 / 5歳児

活用シーン　ふだんのあそび・入園式に

むすんで ひらいて

手あそび

リズムに合わせて

1番

1 むすーんで

両手をグーにし、上下に4回振る。

2 ひらいーて

両手をパーにし、上下に4回振る。

3 てをーうって

4回拍手する。

4 むーすんで

❶と同様にする。

5 またひらいて

❷と同様にする。

6 てをうって

❸と同様にする。

7 そのーてを

両手を胸の前で軽く握る。

8 うえに おひさま…
キラキラひかります

両手をパーにしてあげ、頭の上でひらひら振る。

9 …そのーてを よこに
ひこうきブンブン…

2番

❼まで1番と同様。「ひこうき…とぶ」は両手を横にひろげ飛ぶしぐさをする。

こんなあそび方も♪

♪グーとパーの形をまず出せるように
1・2歳児は「♪そのーてを うえに」で終わりにして、まずグーとパーの動きに慣れるようにしましょう。

♪替え歌に合わせて体をいろいろさわってみよう
3～5歳児は「♪そのーてを あたまに」などとアレンジし、「♪シャンプー ゴシゴシ シャンプー ゴシゴシ しっかりあらってきれいです」などと、替え歌をみんなで考えてみるのも楽しいでしょう。

楽しむためのポイント
古くから親しまれていた歌
長年作者不詳でしたが、近年の研究ではジャン・ジャック・ルソーが作ったオペラの曲といわれています。明治時代に日本に伝わり、「みわたせば」という歌詞で歌われはじめました。その後、数々の替え歌が生まれ今日に至っています。

むすんで ひらいて

リズミカルに

作詞／不詳　作曲／ルソー

PART 4 定番 むすんで ひらいて

0歳児 / 1歳児 / 2歳児 / 3歳児 / 4歳児 / 5歳児

😊 活用シーン　食育・遠足に

これくらいの おべんとばこに

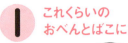

1 これくらいの おべんとばこに

両手の人差し指で四角形を2回描く。

2 おにぎり おにぎり

両手を丸く曲げて、おにぎりを握るしぐさをする。

3 ちょっとつめて

1のお弁当箱におにぎりを入れるしぐさをする。

4 きざみしょうがに

片手はまな板に見立てて出し、もう片方を包丁に見立てて動かし、刻むしぐさをする。

5 ごましおふって

両手を下に向かって振り、ごましおを振りかけるしぐさをする。

6 にんじん

片手の指を2本出す。

7 さん

もう片方の手の指を3本出す。

8 ごぼうさん

片手の指を5本出してから、もう片方の手の指を3本出す。

9 あなーのあいた れんこんさん

両手の親指と人差し指で輪を作り、目の前でまわすように動かす。

10 すじーのとおった

片手の人差し指で、もう片方の手首から肘へと線を描くようになでる。

11 ふ

伸ばしていた側の手のひらに息を吹きかける。

12 き

11で出した手のひらを、もう片方の手でたたく。

172

こんなあそび方も♪

♪子どもに優しくふれて スキンシップを楽しもう

1歳児後半から2歳児は保育者と向かい合って座ります。保育者は歌いながら、優しく子どもの体にふれ、スキンシップを楽しみます。

1 これくらいの… ごましおふって
両手をつないで上下に振る。

2 にんじんさん ごぼうさん
「にんじん」は2本指で、「ごぼう」は5本指で子どもの体をさわる。

3 あなーのあいた れんこんさん
両手で輪を作って目に当て、子どもを見る。

4 すじーのとおったふき
子どもの体を上下に線を引くように何回もなでる。

♪どんな食べ物があるかな？ 数字の語呂合わせに挑戦！

3〜5歳児は、数字で語呂合わせができる食べ物を探して、替え歌に挑戦しましょう。「♪さんしょさん」「♪しいたけさん」「♪はくさいさん」など、みんなでアイデアを出し合い、振り付けも考えてみましょう。

楽しむためのポイント
正しい歌詞を知ろう

「おべんとばこのうた」とも言われる歌です。NHKの子ども番組で「♪にんじんさん」の後に「♪さくらんぼさん」「♪しいたけさん」と歌われ、その歌詞が広く知られていますが原曲はこの形です。

これくらいの おべんとばこに

あそびのテンポで　　　　　　　　　　　　わらべうた

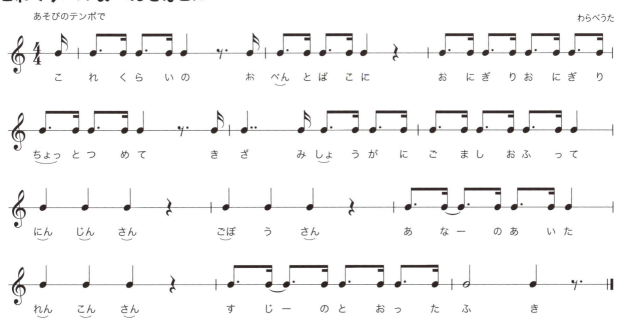

これくらいの おべんとばこに おにぎりおにぎり
ちょっとつめて きざみしょうがに ごましおふって
にんじんさん ごぼうさん あなーのあいた
れんこんさん すじーのとおったふき

活用シーン　保育参観に

こどもとこどもが

① こどもとこどもが けんかして

両手の小指同士を4回打ち合わせる。

② くすりやさんが とめたけど

両手の薬指同士を4回打ち合わせる。

③ なかなか なかなかとまらない

両手の中指同士を4回打ち合わせる。

④ ひとたちゃ

両手の人差し指同士を2回打ち合わせる。

⑤ わらう

④の手の形のままで、2回外側に振る。

⑥ おやたちゃ おこる

両手の親指同士を4回打ち合わせる。

こんなあそび方も♪

♪保育参観で活用しよう

親子で向かい合い、おたがいに右手を前に出して子どもの指と保護者の指を打ち合わせながら歌います。3〜5歳児は、歌の最後にジャンケンをしてもよいでしょう。

こどもとこどもが

♩=90　急がずに　　　　　　　　　　　　　　　　　　　わらべうた

😊 活用シーン　ふだんのあそびに

ごんべさんの赤ちゃん

1 ごんべさんの

両手を頭上から顔に沿っておろし、あごの下で小さくひらき、ほおかぶりのしぐさをする。

2 あかちゃんが

両手で赤ちゃんを抱きかかえるしぐさをする。

3 かぜひいた

両手を口元に当て、せきをするようなイメージで首を前後に振る。

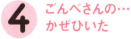
4 ごんべさんの…かぜひいた

1〜3を2回繰り返す。

5 とてもあわてて

4回拍手する。

6 しっぷした

片方ずつ、手を交差するように胸に当てる。

♪「だんまり歌」で

3〜5歳児は、「だんまり歌」に挑戦！　最初は「♪ごんべさんの」を心の中で歌い、動作だけをします。2回目は「♪ごんべさんの　あかちゃんが」を歌いません。回数を増すごとに、歌わない部分を増やします。

ごんべさんの赤ちゃん

弾んでユーモラスに　　　　　　　　　　　　　作詞／不詳　アメリカ民謡

😊 活用シーン　保育参観・入園式に

げんこつやまのたぬきさん

ふたりで

わらべうた

PART 4

定番

げんこつやまのたぬきさん

0歳児
1歳児
2歳児
3歳児
4歳児
5歳児

● 2人組になり、向かい合う。

1 げんこつやまの　たぬきさん

両手をグーにして重ねる。上下交互に打ち合わせる。

2 おっぱいのんで

手を口元に当て、おっぱいを飲むしぐさをする。

3 ねんねして

両手を重ねて頬につけ、寝ているしぐさをする。

4 だっこして

両手で赤ちゃんを抱きかかえるしぐさをする。

5 おんぶして

両手を背中にまわし、赤ちゃんをおんぶするしぐさをする。

6 またあし

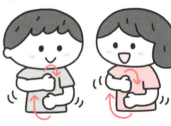

胸の前で、グーにした手を上下にくぐらせてまわす。

7 た

ジャンケンをする。

8 （あいこの場合）またあし

もう一度、胸の前で、グーにした手を上下にくぐらせてまわす。

9 た

ジャンケンをする。

こんなあそび方も♪

♪年齢で難易度をかえよう
0・1歳児は、保育者の膝の上に座り、後方から保育者が手を添えてあそびます。2歳児は保育者と向かい合って座りましょう。
「♪またあした」は、0・1歳児は3回拍手をし、2歳児は保育者と両手合わせを3回します。

♪両手ジャンケンをしよう
3～5歳児は❼で1回拍手をします。続けて「♪みぎてでポン ひだりてポン どっちひいてポン」と歌い、両手ジャンケンをします。(「どっちひいてポン」156ページ参照)

楽しむためのポイント
ふれあいあそびにも
昭和に入ってから生まれた歌です。シンプルなメロディーなので、乳児でもあそびやすく、親子のふれあいあそびとしても最適です。

ジャンケンに勝った人が負けた人に肩たたきをしてもらう、頭をなでてもらうなどの、ルールを作ってあそぶといいでしょう。

げんこつやまのたぬきさん

わらべうた

PART 4 定番 げんこつやまのたぬきさん

0歳児 / 1歳児 / 2歳児 / 3歳児 / 4歳児 / 5歳児

PART 4 定番

パンやさんにおかいもの

活用シーン　お誕生会・保育参観に

●2人組になり、向かい合う。

1　1番 パンパン パンやさんに おかいもの

1人がパン屋さんに、もう1人がお客さんになる。歌に合わせて拍手をする。

2　サンドイッチに

お客さんは両手でパン屋さんの頬をはさむ。

3　メロンパン

お客さんはパン屋さんの両目をさげ、あかんべえのようにする。

4　ねじりドーナツ

お客さんはパン屋さんの鼻をねじるしぐさをする。

5　パンのみみ

お客さんはパン屋さんの両耳を軽くひっぱる。

6　チョコパン ふたつ

お客さんはパン屋さんの脇の下をくすぐる。

7　ください

2回拍手する。

8　な

手のひらを上に向け、それぞれ相手に向かって出す。

9　2番 ホイホイたくさん まいどあり…ハイどうぞ

1番とは反対に、2 からはパン屋さんがお客さんをさわっていく。

こんなあそび方も♪

♪ペープサートでパンのイメージをひろげよう

3〜5歳児は、いろいろなパンのイメージをふくらませてからあそびに入りましょう。お誕生会などでは、ペープサートを使った「シルエット当てクイズ」なども盛り上がります。

♪保育者の膝の上でくすぐってあそぼう

0・1歳児は、保育者の膝の上に座り、後方から保育者が手を添えてあそびます。「♪チョコパン…くださいな」は子どもの体を自由にくすぐります。

楽しむためのポイント
振りを大きく演じよう

保育者がパン屋さん役をするときは、力強くアクションをしながら、実際は力を入れずに子どもの顔をさわりましょう。はじめは子どもがパン屋さん役で、次に保育者が交代して振りを大きく演じると動きの差が楽しめます。

パンやさんにおかいもの

作詞／佐倉智子　作曲／おざわたつゆき　振付／阿部直美

PART 4　定番　パンやさんにおかいもの　0歳児　1歳児　2歳児　3歳児　4歳児　5歳児

| PART 4 定番 パンダうさぎコアラ | 0歳児 1歳児 2歳児 3歳児 4歳児 5歳児 |

😀 活用シーン　ふだんのあそび・異年齢児保育に

パンダうさぎコアラ

●保育者がリーダーの役をする。

1 おいで おいで おいで おいで

全員で手を前に出し、相手を呼ぶように手招きをする。

2 パンダ

リーダーが両手をそれぞれ輪の形にし、目のまわりに当てる。

3 （パンダ）

みんなは **2** のまねをする。

4 おいで おいで… うさぎ

1 と同様にし、リーダーは両手をあげて頭の上につける。

5 （うさぎ）

みんなは **4** のまねをする。

6 おいで おいで… コアラ

1 と同様にし、リーダーは木に抱きつくようなしぐさをする。

7 （コアラ）

みんなは **6** のまねをする。

8 パンダ うさぎ コアラ

全員で **2**、**4**、**6** のポーズをする。

9 （間奏）

間奏の後から、ゆっくり歌う。

10 パンダ うさぎ コアラ…

リーダーが **2**、**4**、**6** のポーズをし、みんなはまねをする。これを3回繰り返す。

11 パンダ うさぎ コアラ

全員で **2**、**4**、**6** のポーズをする。

こんなあそび方も♪
♪動物の名前をかえてみよう
4・5歳児は「ゾウ」「アリ」「ヘビ」など、動物の名前に変化をつけてみましょう。動作をつけやすい動物を選ぶことがポイントです。

楽しむためのポイント
弾みを意識して歌おう
符点のリズムにのって弾んで歌いましょう。最後の「♪パンダ」「♪うさぎ」「♪コアラ」は、特に元気に歌うことが大切です。

パンダうさぎコアラ

作詞／高田ひろお　作曲／乾 裕樹

PART 4 定番 手をたたきましょう

😊 活用シーン　お誕生会・みんなが集まる場に

手をたたきましょう

動きを楽しむ

1 [1番] てをーたたーきまーしょう タンタンタンタンタンタン

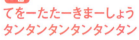

最初は歌うだけで、「タンタン…タンタン」は拍手をする。

2 あしーぶみーしまーしょう タンタンタンタンタンタン

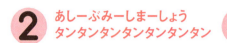

最初は歌うだけで、「タンタン…タンタン」は足踏みをする。

3 わらいましょう… アッハッハッ

最初は歌うだけで、「アッハッハッ」は両手をひろげ笑うしぐさをする。

4 ああ おもしろい

両手を頭の上にあげ、ひらひら振りながらおろす。

5 [2番] …おこりましょう ウンウンウン…

1番と同様にする。「ウンウンウン」は腕を組んで怒るしぐさをする。

6 [3番] …なきーましょう エンエンエン…

1番と同様にする。「エンエンエン」は両手を目に当てて泣くしぐさをする。

こんなあそび方も♪

♪動物になりきってあそぼう

3〜5歳児は、いろいろな動物に変身して歌うと盛り上がります。「もしブタさんが、この歌を歌ったら、どんなふうに歌うと思う?」と、子どもたちに問いかけます。9小節目から、「♪わらいましょう ブヒブヒブヒー」など、ユニークな鳴き声を取り入れた歌と動作を楽しみましょう。

側面: 定番 手をたたきましょう / 0歳児 1歳児 2歳児 3歳児 4歳児 5歳児

楽しむためのポイント

強弱をつけて歌おう

2歳児後半ごろからは、泣きまねが楽しくなる時期です。その時期にあそぶと、とても喜ぶ一曲です。

喜怒哀楽の表情をはっきりと演じるように歌います。「♪タンタンタン」のスタッカートと、9小節目からの強弱記号を意識すると、さらにリズミカルになります。

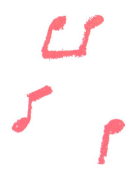

PART 4 定番

手をたたきましょう

訳詞／小林純一　チェコスロバキア民謡

183

😊 活用シーン　ふだんのあそび・異年齢児保育に

たまごのうた

1 [1番] まるいたまごが

両手を頭の上で合わせて輪を作る。

2 パチンとわれて

大きく1回拍手する。

3 かわいい ひよこが ピヨッピヨッピヨッ

両手を横にひろげ、羽ばたくように上下に動かす。

4 まあ かわいい

両手を交差させ、大きくまわす。

5 ピヨッピヨッピヨッ

3と同様にする。

6 [2番] かあさんどりの おはねのしたで

片手ずつ順に胸の前で交差させ、そのまま胸を2回たたく。

7 かわいい おくびを ピヨッピヨッピヨッ

片手ずつ順に腰につけ、首を左右に振る。

8 まあ かわいい ピヨッピヨッピヨッ

4を1番より大きく行ってから、両手を腰につけ、首を左右に振る。

9 [3番] あおい おそらが まぶしくてー

両手をあげ、次に両手で目を隠す。

10 かわいい おめめを クリックリックリッ

両手でそれぞれ輪を作り、目の前でまわす。

11 まあ かわいい クリックリックリッ

4を2番より大きく行ってから、10と同様にする。

こんなあそび方も♪

♪「♪パチン」の動作を大きくしよう

0・1歳児は、保育者の膝の上に座り、後方から保育者が手を添えてあそびます。「♪まるいたまごが」は、体の前で腕で輪を作ります。「♪パチン」は、音を立てて拍手した後、手を大きくひらきます。

♪「♪まあかわいい」の表現を工夫しよう

2～5歳児は、「♪まあかわいい」を両手をグーにして体を小刻みに揺らし、とても感激している様子を表現してみましょう。

楽しむためのポイント
アイデアを出し合って楽しもう

昭和に入ってから作られた歌ですが、メロディーが少し異なるかたちで全国各地で歌われています。

4・5歳児は歌詞の「♪まるいたまご」の部分を「♪おおきいたまご」にしたり「♪ひよこ」を「♪かいじゅう」にかえるなど、子どもたちとアイデアを出し合いながら歌詞や振り付けを工夫して楽しみましょう。

たまごのうた

♩=108　愛らしく　　　　　　　　　　　　　　作詞・作曲／不詳

PART 4　定番　たまごのうた　0歳児　1歳児　2歳児　3歳児　4歳児　5歳児

PART 4 定番

活用シーン　ふだんのあそび・保育参観に

いっちょうめのドラねこ

数を楽しむ

1 いっちょめのドラねこ…よんちょめのトラねこ

片手をひろげ、もう片方の人差し指で、親指から薬指まで順番に4回ずつたたく。

2 ごちょめのネズミは

小指を4回たたく。

3 おいかけられて

両手の人差し指を軽く曲げ、伸ばしたり曲げたりしながら、一方向へ動かす。

4 あわててにげこむ

3 とは反対の方向へ動かす。

5 あなのなか

片手を軽く握り、穴のかたちにする。もう片方の人差し指を穴の中に入れる。

6 ニャオー

両手を頭の上につけ、耳のようにする。

こんなあそび方も♪

♪2人組であそぼう
3～5歳児は、2人組になってゲームのようにあそびましょう。

1 いっちょめのドラねこ…ごちょめのネズミは

2人で向かい合いAは片手をひろげて前に出す。Bは歌詞に合わせてAの指を親指から順につつく。

2 おいかけられて…にげこむ

Aが両手を軽く握り、穴のかたちにする。Bは両手の人差し指でAの体のあちこちをつつく。

3 あなのなかニャオー

Bが両手の人差し指をAの手の穴に入れ、Aはサッと手を握り指を捕まえようとする。BはAに捕まらないように逃げる。

楽しむためのポイント

「♪おいかけられて」の繰り返しで盛り上げて

片方の人差し指がネコ、もう片方がネズミで追いつ追われつ…という状況をおもしろく表現している歌です。「♪おいかけられて」を3回くらい繰り返し、少しずつ声としぐさを大きくしていくと、あそびがよりいっそう盛り上がります。

弾むように歌おうネコの鳴き声が出せるかな？

楽譜の符点のリズムを生かして、弾むように歌いましょう。2小節目の「ドレミミ」は「ドレミファ」と歌ってしまうこともあるので注意しましょう。
最後の「♪ニャオー」は、ネコの鳴き声のように歌ってみましょう。

いっちょうめのドラねこ

明るく元気に

作詞・作曲・振付／阿部直美

😊 活用シーン　ふだんのあそび・活動の切りかえに

やおやのおみせ

PART 4　定番　やおやのおみせ　0歳児　1歳児　2歳児　3歳児　4歳児　5歳児

● 保育者がリーダーの役をする。

1 1番 やおやの…みてごらん

全員で歌に合わせて拍手をする。

2 よくみてごらん

全員で順番に品物を指すように、人差し指を動かす。

3 かんがえてごらん

全員で片手を頭につけ、考えるしぐさをする。

4 トマトトントトン

リーダーは「トマト」と歌い、「トントトン」は両手をグーにして上下に打ち合わせる。

5 トマトトントトン

みんなは**4**のまねをする。

6 あーあ

全員で両手をあげてからおろす。

7 2番 やおやの…かんがえてごらん

2番から5番まで、**1**〜**3**、**6**は1番と同様にする。

8 きゅうりキュッキュッキュッ

「キュッキュッキュッ」でキュウリをイメージして体を曲げる。

9 きゅうりキュッキュッキュッ

みんなは**8**のまねをする。

10 3番 もやしモジャモジャ

「モジャモジャ」で両手の指をくすぐるように動かす。

11 もやしモジャモジャ

みんなは**10**のまねをする。

12 4番 キャベツベツベツ

「ベツ」で片手を、次の「ベツ」でもう片方を重ねるように頭にのせる。

13 キャベツベツベツ

みんなは**12**のまねをする。

14 5番 こまつなこまったな

「こまったな」で片手をグーにして頭に当てる。

15 こまつなこまったな

みんなは**14**のまねをする。

♪ こんなあそび方も ♪

♪野菜にちなんだクイズを考えながらあそぼう

「♪かんがえてごらん」の後に、野菜にまつわるクイズを出し、正解したら続きを歌います。
- 「赤くてまるくて上から読んでも下から読んでも同じ名前の野菜は?」（トマト）
- 「8本でも9本だと言っているものは?」（きゅうり）
- 「ひとつの家にきょうだいたくさん、もじゃもじゃにからまっているのは?」（もやし）
- 「いっしょなのに別々だと言っている野菜は何?」（キャベツ）
- 「いつも困っている緑の野菜は?」（こまつな）

楽しむためのポイント
保育者の演出でさらに盛り上げよう

保育者は、ねじりはちまきをして、威勢のよい八百屋さんになりきって歌いましょう。発表会の幕間など、イベント時の気分転換のあそびとしても活用できます。

カナダのフランス語圏で歌われた「ひばり」が原曲とされています。

やおやのおみせ

♩=106　快活に　　　　　　　　　作詞／不詳　訳詞／シマダナオミ　フランス民謡

A はリーダー、B はほかの子が歌います。

PART 4 定番 トントントントンひげじいさん

活用シーン　ふだんのあそび・異年齢児保育に

トントントントンひげじいさん

 リズムに合わせて

1 トントントントン

両手をグーにして、上下交互に打ち合わせる。

2 ひげじいさん

手をグーにしたまま、順番にあごの下に当てる。

3 「ビヨーン」

下のほうの手をしゃくりあげるように、前に伸ばす。

4 トントントントン

1と同様にする。

5 こぶじいさん

手をグーにしたまま、順番に頬に当てる。

6 「ポロッポロッ」

5でつけた手を順番に、頬から離す。

7 トントントントン

1と同様にする。

8 てんぐさん

手をグーにしたまま、順番に鼻の上に重ねる。

9 「グイーン」

上にした手を前に伸ばす。

10 トントントントン

1と同様にする。

11 めがねさん

両手を輪にし、順番に目に当てる。

12 「ズルッ」

手を輪にしたまま、少し前に出す。

13 トントントントン

1と同様にする。

14 てはうえに

両手をパーにして、あげる。

15 「あつーい」

両手でおでこの汗をぬぐうしぐさをする。

16 ランランランランてはおひざ

両手をひらひら振りながらおろし、ひざの上にのせる。

0歳児 1歳児 2歳児 3歳児 4歳児 5歳児

こんなあそび方も♪

♪小さな子には簡単な振り付けで

0〜2歳児は、③、⑥、⑨、⑫、⑮の合いの手を入れずにあそびます。「♪トントン…」の動作を、手を交互に入れかえず、打ち合わせるだけでもかまいません。慣れてきたら、ゆっくりと手を交互にしましょう。

♪「替え歌」と「合いの手」でさらに楽しく

3〜5歳児は⑯を、「♪てはおなか（グーッ）」と歌い空腹のしぐさをしたり、「♪てはおはな（チーン！）」と、鼻をかむしぐさをするなど、ユニークな替え歌や合いの手を考えてみましょう。

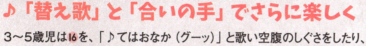

楽しむためのポイント
フェルマータに注意して

楽譜の⌢（フェルマータ）は、音を十分に伸ばす印です。この部分の音としぐさを、たっぷりとってあそぶことがポイント。原曲は「ゆびあそび」という鍵盤ハーモニカの指使いを覚えるための曲として作られました。

トントントントンひげじいさん

元気よくおどけて　　　　　　　　　　　　　　　　　　　　　作詞／不詳　作曲／玉山英光

😊 活用シーン　ふだんのあそび・夏期保育に

山ごや いっけん

PART 4 定番　山ごや いっけん

0歳児 / 1歳児 / 2歳児 / 3歳児 / 4歳児 / 5歳児

1　やまごや いっけん ありました

家をイメージして、両人差し指で家のかたちを描く。

2　まどから みている おじいさん

片手をおでこに当て、遠くを見るようなしぐさをする。

3　かわいい うさぎが… こちらへにげてきた

両手を頭の上につけ、耳のようにし、左右に振る。

4　たすけてたすけて おじいさん

両手をグーにして、こわくて震えるようなしぐさをする。

5　りょうしの てっぽう こわいんです

両手の人差し指を出して重ね、鉄砲のかたちにする。

6　さあさあ はやく おはいんなさい

片手をあげ、手招きをする。

7　もう だいじょうぶだよ

片方ずつ、手を交差するように胸に当て、左右に揺れる。

♪こんなあそび方も♪

♪チョキをウサギの耳に見立てて

ジャンケンのチョキが出せるようになったら「♪かわいい うさぎが…」は片手をチョキにしウサギの耳に見立てて動かしてもよいでしょう。

楽しむためのポイント
歌詞に合わせた声色で歌おう

「♪たすけて…こわいんです」は、かわいいウサギを意識した声としぐさで歌います。「♪さあさあ…だいじょうぶだよ」は低い声にするなど、おじいさんの雰囲気を演出しましょう。歌の世界がさらにひろがります。

山ごや いっけん

作詞／志摩 桂　アメリカ民謡

表情豊かに

やま ごや いっ けん　あり まし た　まど から みて いる　おじ いさん

かわ いい うさ ぎが　ぴょん ぴょん ぴょん　こち らへ にげ てき た

たす けて たす けて　おじ いさ ん　りょう しの てっ ぽう　こわ いんで す

さあ さあ はや く　おは いんな さい　もう だい じょう ぶだ　よ

😀 活用シーン　ふだんのあそびに

おてらのおしょうさん

● 2人組になり、向かい合う。

1 お

1回拍手する。

2 てらの
相手と手のひらを3回合わせる。

3 おしょうさんが…たねをまきました

1、2を繰り返す。

4 めがでて

胸の前で両手を合わせ、少し上へ動かす。

5 ふくらんで
指先と手首だけをつけたまま、手の甲を外側にふくらませて丸くする。

6 はながさいたら

手首をつけたまま、指をひろげて花のかたちにする。

7 ジャンケンポン

ジャンケンをする。

8 （あいこの場合）はながさいたら…

もう一度、「はながさいたら」から歌い、6、7を繰り返す。

9

「かぼちゃができた」
ジャンケンで負けた人は、自由にセリフを言いながら勝った人の頭をなでる。

こんなあそび方も♪

♪ユニークな歌詞で小学生にも人気の替え歌

幼児だけでなく、小学生にも人気のあそび歌です。❻の「♪はながさいたら」の後に「♪かれちゃって」と続く新しい歌詞が生まれ、親しまれています。

楽しむためのポイント

ジャンケン勝負でルール

「ジャンケンで勝った人はおんぶしてもらえる」などのルールを決めても楽しめます。

❼ かれちゃって

両手の甲を合わせて下に向ける。

❽ にんぽうつかってそらとんで

忍者のしぐさをした後、空を飛ぶしぐさをする。

❾ とうきょうタワーにぶつかって

両手を頭の上で合わせ、前に倒す。

❿ ぐるっとまわってジャンケンポン

グーにした手を上下にくぐらせてまわし、ジャンケンをする。

おてらのおしょうさん

あそびのテンポで　　　　　　　　　　わらべうた

おてらのおしょうさんがかぼ

ちゃのたねをまきました

めがでてふくらんではながさいたらジャンケンポン

PART 4 定番 おてらのおしょうさん

活用シーン　食育・夏期保育に

カレーライスのうた

手あそび／リズムに合わせて

PART 4　定番　カレーライスのうた　0歳児　1歳児　2歳児　3歳児　4歳児　5歳児

1 にんじん [1番]

片手の指を2本出す。

2 たまねぎ

胸の前で両手の指先を合わせてタマネギの形にする。

3 じゃがいも

両手をグーにして、頬につける。

4 ぶたにく

人差し指で鼻を押しあげる。

5 なべで

体の前で両手を輪にする。

6 いためて

鍋の中を混ぜるイメージで、片手を左右に振る。

7 ぐつぐつにましょう

両手のひらを上に向け、握ったりひらいたりを繰り返す。

8 トマト [2番]

両手をパーにして、左右に振る。

9 カレールウ

胸の前で両手の指先を合わせて四角にする。

10 とけたらあじみて

鍋に指を入れて味見をするしぐさを2回行う。

11 しおをいれたら

塩を鍋に入れるイメージで、両手を下に向かって振る。

12 はいできあがり

拍手を4回し、「り」で両手を前に差し出す。

13 ムシャムシャ モグモグ (3番)

手をスプーンとお皿に見立て、食べるしぐさをする。

14 おみずも ゴクゴク

コップで水を飲むしぐさを繰り返す。

15 そしたら ちからが

両ひじを曲げ、両手をグーにする。

16 もりもり わいてきた

15のまま両手をあげ、「た」で力こぶのポーズをする。

こんなあそび方も♪

♪「♪ぐつぐつ…」の動作を楽しもう

0〜2歳児は、保育者の膝の上に座り、後方から保育者が手を添えてあそびます。「♪ぐつぐつ にましょう」は保育者が子どもの体を上下に優しく揺すります。1番だけを繰り返してあそびましょう。

♪リーダーとかけあいあそび

3〜5歳児はかけあいあそびを楽しみます。リーダーが「♪にんじん」と歌ったら、みんなは「♪にんじん」と歌います。6小節目まで同様に繰り返し、「♪ぐつぐつ にましょう」は全員で歌います。

楽しむためのポイント

レクリエーションソングの定番

キャンプやボーイスカウトなどのレクリエーションソングとして親しまれている歌です。地域によっては「♪おなべで」「♪おしお」と歌われることもあります。

3番は原曲にはありませんでしたが、いつのまにか歌われるようになったため、いろいろな歌詞が流布しています。

カレーライスのうた

1・2番作詞・振付／ともろぎ ゆきお　3番／不詳　作曲／峯 陽

😊 活用シーン　お誕生会・保育参観に

幸せなら手をたたこう

数を楽しむ

PART 4 定番

幸せなら手をたたこう

1 [1番] しあわせなら てをたたこう

「てをたたこう」まで、動きはつけずに歌う。

2 ♪♪（休符）

休符に合わせて、2回拍手する。

3 しあわせなら てをたたこう

1と同様にする。

4 ♪♪（休符）

2と同様にする。

5 しあわせなら… てをたたこう

1と同様にする。

6 ♪♪（休符）

2と同様にする。

7 [2番] しあわせなら あしならそう…

1番と同様。休符に合わせて、2回足踏みをする。

8 [3番] しあわせなら ゆびならそう…

1番と同様。休符に合わせて、2回指を鳴らす。

9 [4番] しあわせなら せのびしよう…

1番と同様。休符に合わせて、1回大きく背伸びをする。

10 [5番] しあわせなら ウィンクしよう…

1番と同様。休符に合わせて、2回ウインクする。

11 [6番] しあわせなら さいしょから…
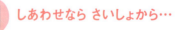

1番と同様。休符で、1番から5番までの動きをすべて（2回拍手、2回足踏み、2回指を鳴らす、1回背伸び、2回ウインク）行う。

こんなあそび方も♪

♪くすぐってあそぼう

保育者が子どもと向かい合って座り、「♪しあわせなら くすぐろう」などと歌い、くすぐるのもアイデア。「なでる」「投げキッス」など、子どもの喜ぶ動作を工夫しましょう。

楽しむためのポイント

みんなが仲よくなるあそび

お誕生会や保育参観など、大勢が集まるときに、場を盛り上げる一曲。よく知られているので保護者も取り組みやすい曲です。みんなで拍手など休符のときの動きをそろえることがポイントです。

PART 4 定番 幸せなら手をたたこう

幸せなら手をたたこう

作詞／木村利人　アメリカ民謡

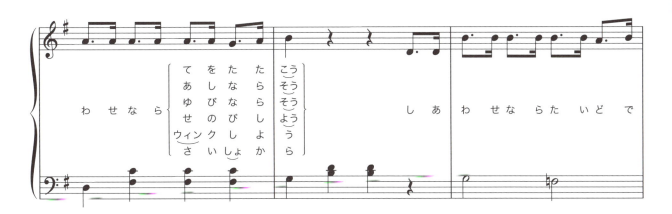

199

10人のよい子

😊 活用シーン　ふだんのあそび・読み聞かせの前に

1 ひとり 〔1番〕

両手をグーにして前に出し、片手の小指をあげる。

2 ふたり

順番に、薬指をあげる。

3 さんにんの よいこ

中指をあげる。

4 よにん

人差し指をあげる。

5 ごにん

親指をあげて、パーにする。

6 ろくにんの よいこ

もう片方の手の親指をあげる。

7 しちにん

順番に、人差し指をあげる。

8 はちにん

中指をあげる。

9 きゅうにんの よいこ

薬指をあげる。

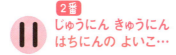

10 じゅうにんの よいこ

小指をあげて、両手をパーにする。

11 じゅうにん きゅうにん はちにんの よいこ…

1番と逆の順に、小指から1本ずつ指を折っていく。

12 ひとりの よいこ

最後に残った小指を出したまま、左右に軽く振る。

こんなあそび方も♪

♪ほっぺたをさわり スキンシップを楽しむ

1・2歳児は、輪になって座ります。真ん中に保育者が座り、歌いながら子どもの両頬をひとりずつ優しくはさんでいきましょう。スキンシップを楽しむあそびとしても最適です。

楽しむためのポイント

数への興味につなげよう

数に対する興味を育てるあそびとしても有効な歌です。日常生活の中で、同種類のものを数えるときなどに「♪ひとつ ふたつ…」と歌い、楽しみながら数に親しみを持てるようにしましょう。「Ten Little Indians」が原曲です。

10人のよい子

作詞／不詳　アメリカ民謡

急がずに

PART 4 定番

😊 活用シーン　ふだんのあそび・異年齢児保育に

グーチョキパーでなにつくろう

手あそび

動きを楽しむ

1 1番　グーチョキパーで グーチョキパーで

歌に合わせて、両手で順番にグー、チョキ、パーを出す。

2 なにつくろう なにつくろう

腰に両手を当て、左右に揺れる。

3 みぎてがパーで… ちょうちょうさん

右手をパー、左手をパーにして順番に出す。親指を交差させ、残りの指を動かす。

4 2番　…みぎてがチョキで… かたつむり

1、2と同様にし、右手をチョキ、左手をグーにして順番に出し、手を重ねる。

こんなあそび方も♪

♪4・5歳児は難易度アップ！

2人組になり、片手同士を組み合わせます。「♪みぎてがパーで（茶たく）ひだりてがグーで（茶わん）おちゃどうぞ」「♪みぎてがチョキで ひだりてがグーで マイクロホン」など。「Are You Sleeping?」（160ページ）の替え歌です。

グーチョキパーでなにつくろう

あそびのテンポで　　　　　　　　　　　　　　　　作詞／不詳　フランス民謡

1.2. グー チョキ パー で　グー チョキ パー で　なに つく ろう　なに つく ろう

みぎ て が パー で／みぎ て が チョキ で　ひだり て パー で／ひだり て グー で　ちょう ちょう さん／かた つむ り　ちょう ちょう さん／かた つむ り

PART 5
季節・行事

詞の中から自然の変化や旬の食べ物など、春・夏・秋・冬をいっぱい感じることができます。本物を見せたり、行事の由来を話したり、子どもの興味を高めながら楽しみましょう。

PART 5 季節・行事

ちっちゃないちご

活用シーン　食育・遠足に

1 1番　ちっちゃな いちごが いいました

両手の親指と人差し指をつけて三角の形にし、左右に振る。

2 まだまだ ぼくたち

4回拍手する。

3 あおいけど

胸の前で両手を交差させ、そのままで両肩を軽くたたく。

4 おひさま いっぱい あびて

2、3と同様にする。

5 まっかっか

両手を左右にひらく。

6 まっかっか

5の両手を胸の前にもってくる。

7 まっかっかになる

5と6の動きを倍の速度で繰り返す。

8 ぞ

1の手の形にする。

9 2番　ちっちゃな いちごは…まっかっかに なーった

2番は1番と同様。「げんきよく」「いちにさん」は、力こぶのポーズをする。

こんなあそび方も♪

♪ 簡単な振り付けであそぼう

0・1歳児は、保育者の膝の上に座り、後方から保育者が手を添えます。
2歳児は保育者と向かい合って座ります。❶と❽のイチゴの形は、指で三角形を作るのではなく両手をグーにして合わせてあそんでみましょう。

♪ 3〜5歳児は体操のような振り付けで

❷では足踏みをしながら拍手をします。❻は一度中腰になり、❼でジャンプします。❽では、これを繰り返します。2番の「♪げんきよく」「♪いち に さん」は両腕をあげた力こぶのポーズで3回跳びます。

楽しむためのポイント

跳ねるように元気に歌おう

新鮮なイチゴになったつもりで、元気に歌います。6小節目の「♪あびて」はスタッカートを意識して、跳ねるように歌い、最後は3拍しっかり伸ばします。

PART 5 季節・行事 ちっちゃないちご

ちっちゃないちご

♩=116 愛らしく元気に

作詞・作曲・振付／阿部直美

1. ちっちゃないちごが いいました まだまだぼくたち
2. ちっちゃないちごは がんばって ファイトだぼくたち

あおいけど おひさまいっぱい あびて
げんきよく あおぞらたいそう いち に さん

まっかっか まっかっか まっかっかに なる ぞ
まっかっか まっかっか まっかっかに な ー た

0歳児 1歳児 2歳児 3歳児 4歳児 5歳児

活用シーン　発表会に

ことりのうた

1番

1 ことりは
口の前で右手の親指と人差し指をつけたり離したりする。

2 とっても
両手を横に出し、はばたくしぐさをする。

3 うたが
両手の人差し指と中指を出し、それぞれ口の横で外側に出す。

4 すき
右手をひらいてあごの下に当て、前に出しながら指をくっつける。

5 かあさん
右手の人差し指で右頬をつつき、小指を出す。

6 よぶのも
両手を前に出し、手招きをする。

7 うたで よぶ
3、6と同様にする。

8 ピピピピピ チチチチチ ピチクリピ
1と同様にする。

2番

9 …とうさんよぶのも… ピチクリピ
2番は1番と同様。「とうさん」は右手の人差し指で右頬をつつき、親指を出す。

♪こんなあそび方も♪

♪保育者の膝の上であそぼう

0・1歳児は、保育者の膝の上に座り、後方から保育者が手を添えてあそびます。

1 ことりは とっても…
うたでよぶ

体を軽く左右に揺らしリズムをとる。

2 ピピピピピ

顔の前で拍手する。

3 チチチチチ

両手をはばたかせる。

4 ピチクリピ

顔の前で拍手する。

♪いろいろな動物の鳴き声を工夫してみよう

2・3歳児は、いろいろな動物にアレンジして楽しみましょう。「♪こねこは」と動物の名前を入れて歌い、「♪ニャンニャンニャン ゴロゴロゴロ ニャンゴロニャン」など、ユーモラスな歌詞を考えましょう。

楽しむためのポイント
「手話」に興味を持つきっかけにぴったり

振り付けは、「手話」をもとに4・5歳児向けに作られています。「指で話ができる」ことを子どもたちに知らせるためには最適な歌です。

ことりのうた

♩=104 明るく弾んで

作詞／与田準一　作曲／芥川也寸志　振付／広瀬厚子

😊 活用シーン　栽培活動に

ちいさなにわ

1 [1番] ちいさな にわを

胸の前で、両手の人差し指で小さな四角形を描く。

2 よく たがやして

両手の人差し指を軽く曲げ、左から右へと動かす。

3 ちいさなたねを まきました

種がのっているイメージで片方の手のひらを上に向け、もう片方でつまんで種をまくしぐさをする。

4 ぐんぐんのびて

体の前で両手を合わせ、左右に振りながら上に伸ばす。

5 はるになーって

頭の上で両手をひらき、ひらひら振りながらおろす。

6 ちいさなはなが さきました

小さく7回拍手する。

7 「ポッ」

手首をつけて指を曲げ小さな丸をつくり、「ポッ」で小さくひらく。

8 [2番] ちゅうくらいの にわを… 「ホワッ」

❶〜❻を1番よりやや大きくして行い、「ホワッ」でやや大きくひらく。

9 [3番] おおきな にわを… 「ドカーン」

❶〜❻を2番よりさらに大きくして行い、「ドカーン」でばんざいする。

こんなあそび方も♪

♪動きが難しいときは簡単バージョンから始めよう

0・1歳児は、保育者の膝の上に座り、後方から保育者が手を添えます。2歳児は保育者と向かい合って座ります。
「♪ちいさな にわを…まきました」までの動作を簡単にアレンジし、以降は同様に。「ちゅうくらい」が乳児にわかりにくいので、1番と3番を繰り返しあそびましょう。

♪どんなふうに咲くかな？咲かせる花を想像しよう

5歳児は「♪ちいさな たねを」を「♪アサガオの たねを」など、具体的な花の名前にかえてもよいでしょう。「♪ぐんぐんのびて」ではツルをまきながら伸びる様子を表現するなど、振り付けも花に合わせて工夫するとさらに楽しめます。

楽しむためのポイント
小さな庭から大きな庭へ

1番は歌も動作も小さくし、2番は普通に歌います。
3番はゆっくりとしたテンポで、動作を大きくするとスケール感が出ます。

ちいさなにわ

作詞・作曲／不詳

PART 5 季節・行事

茶つみ

😊 活用シーン　ふだんのあそび・保育参観に

●2人組になり、向かい合う。

 1 ♪（休符）

休符で1回拍手する。

 2 な

相手と右手同士を打ち合わせる。

3 つ

1回拍手する。

 4 も

相手と左手同士を打ち合わせる。

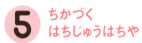 **5** ちかづく　はちじゅうはちや

1拍ごとに 1〜4 を繰り返す。

 **6** （トントン）

相手と両手を2回打ち合わせる。

7 のにも やまにも わかばがしげる（トントン）あれに みえるは ちゃつみじゃないか（トントン）
あかねだすきに すげのかさ（トントン）

以降、同様に 1〜4 を繰り返し、「の」は 1、「に」は 2、「も」は 3…と1拍ずつずれる。
「トントン」は 6 と同様にする。「トントン」の後は、1 から始める。

210

こんなあそび方も♪

♪「トントン」の動きをかえてあそんでみよう

慣れてきたら「♪トントン」の手合わせを工夫してみましょう。よく行われているのが1回目の「♪トン」は両手のひらを合わせ、2回目の「♪トン」は両手の甲を合わせるやり方です。

保護者といっしょにやっても楽しい手あそびです。

楽しむためのポイント

小学校唱歌のメロディーも味わって

1912年発行の『尋常小学唱歌』の第3学年用に掲載された曲です。原曲には「♪トントン」は入りませんが、手合わせあそびとしてリズムをとるため、自然に合いの手を入れて歌われるようになりました。

茶つみ

楽譜内の番号は、左ページの振りの番号と対応しています。

ずくぼんじょ

😀 活用シーン　散歩の前に

1 ずーくぼんじょ…ずきんかぶって

両手の指を胸の前で組み合わせ、上下に動かしながら左右に揺れる。

2 でてこらさい

「でてこら」は1のままで、「さい」で両手の人差し指を立てる。

3 でてこらさい

「でてこら」は2のままで、「さい」で中指を立てる。

4 でてこらさい

「でてこら」は3のままで、「さい」で薬指を立てる。

5 でてこらさい

「でてこら」は4のままで、「さい」で小指を立てる。

6 でてこらさい

「でてこら」で親指を立て、「さい」で1回拍手する。

こんなあそび方も♪
♪ツクシを表現しよう
0〜2歳児は、保育者の膝の上に座り、後方から手を添えます。両手をグーにして胸の前で合わせ「♪でてこらさい」で少しずつ腕を上にあげます。

楽しむためのポイント
佐賀県の方言を知ろう
わらべうたは、地方の方言がよく出てきます。「ずくぼんじょ」は佐賀県の方言で「つくしんぼ」、「でてこらさい」は「でてきなさい」のことです。

ずくぼんじょ
穏やかに語りかけるように　　わらべうた

😊 活用シーン　散歩の前に

かたつむり

1　でんでんむしむし かたつむり

チョキの手の甲の上にグーをのせ、自由に動かす。

2　おまえのあたまは どこにある

7回拍手する。

3　つのだせ やりだせ

片手の人差し指を出す。そのままで、次に中指を出す。

4　あたま

両手をグーにして、上下に重ねる。

5　だせ

下の手をチョキにして横に出す。

こんなあそび方も♪

♪指出しゲーム！

5歳児は両手をグーにして机上におきます。「♪でん」で右小指と左親指をいっしょに出し、「♪でん」で一度グーに戻します。「♪むし」で右親指と左小指をいっしょに出し、「♪むし」でまたグーに戻します。これを繰り返します。

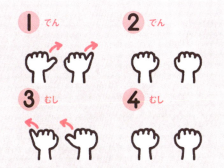

かたつむり

急がずに

文部省唱歌

でんでん　むしむし　かたつむ　り　おまえの　あたまは

どこにあ　る　つのだせ　やりだせ　あたまだ　せ

PART 5　季節・行事

かたつむり

0歳児 / 1歳児 / 2歳児 / 3歳児 / 4歳児 / 5歳児

213

活用シーン 雨の日に

あまだれ ぽったん

🖐️ 手あそび

リズムに合わせて

● 椅子に座る。

1 あまだれ

動きはつけずに歌う。

2 ポッ

1回拍手する。

3 タン

両手で両膝を1回たたく。

4 ポッタンタン

2を1回、3を2回行う。

5 つぎつぎならんで

動きはつけずに歌う。

6 ポッタンタン

4と同様にする。

7 ポッ

2と同様にする。

8 タン

3と同様にする。

9 コロコロ どこへいく

グーにした手を上下にくぐらせてまわしながら自由に動かす。

こんなあそび方も♪

♪ 4歳児は難易度アップで

4歳児は「♪ポッタン」の動作を少しかえます。動きに慣れてきたら少しずつテンポアップしていきます。

♪ 5歳児は2人組でジャンケンゲーム

5歳児はさらに発展させて、2人組になりジャンケンゲームをしてみましょう。

楽しむためのポイント
雨音を聞いてからあそんでみよう

雨の降る日に空き容器に水滴を集め、子どもたちと雨の音を聞いてみましょう。「ピチャン」「ポツン」など、子どもたちが聞いた雨音をみんなで話し合ってからあそんでみましょう。

あまだれ ぽったん

♩=132 リズミカルに　　　　　　　　　　作詞・作曲／一宮道子　振付／阿部直美

PART 5 季節・行事

まねっこはみがき

😀 活用シーン　歯みがきの前に

まねっこはみがき

生活習慣

1 1番 ぞうさんの はみがき

リズムに合わせて6回拍手する。

2 シュシュシュシュ シュシュシュ

歯ブラシを持って歯をみがくしぐさを大きく行う。

3 パァ

両手をあげ「パァ」と言う。

4 まねーっこ …パァ

1〜3と同様にする。

5 2番…うがい ゴロゴロ…パァ

1と3は1番と同様。2は「ゴロゴロ…」と言いながらのどをくすぐる。

6 3番…かおあらい ジャブジャブ…パァ

1と3は1番と同様。2は「ジャブジャブ…」と言いながら顔を洗うしぐさをする。

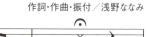

♪いろいろな動物の歯みがきを表現しよう

2・3歳児は替え歌を作り、大きなカバの大きな歯みがきや、小さなリスの小さな歯みがき、もっと小さなアリの歯みがきを表現してみましょう。

まねっこはみがき

はつらつと

作詞・作曲・振付／浅野ななみ

😊 活用シーン　保育参観・食育に

すいか

● 子どもと向かい合って座る。

1 まんまる すいかは おもたいぞ

子どもの両頬を軽くたたく。

2 ウントコショ ウントコショ

顔をスイカに見立てて頬を2回持ち上げるようにする。

3 まっかな すいかに くろいたね

1と同様にする。

4 プップップッ プップップッ

顔のあちこちを種に見立てて軽くつつく。

こんなあそび方も♪

♪全身をスイカに見立てて

0・1歳児は、子どもの体をまるごとスイカに見立てます。「♪ウントコショ」で子どもの体を持ちあげて保育者の膝に座らせます。「♪ウントコショ」を繰り返し、大きくてなかなか持ちあがらない様子を表現すると盛り上がります。

楽しむためのポイント

導入の声かけで期待感を

お座りができるようになった子どもからあそべる「顔あそび」です。顔をスイカに見立てるので、あそびに入る前に「○○ちゃんのスイカ、おいしそう！　種があるね」などと声かけをして始めるとよいでしょう。

すいか

おどけて愉快に

作詞・作曲・振付／阿部直美

1. まんまるすいかは　おもたいぞ　ウントコショ　ウントコショ
2. まっかなすいかに　くろいたね　プッ プッ プッ　プッ プッ プッ

PART 5 季節・行事 すいかのめいさんち

😊 活用シーン　外あそび・夏期保育に

すいかのめいさんち

●2人組になる。

1 [1番] ともだちができた

2人で手をつなぎ左右に揺れる。

2 すいかの

体の前で両手を輪にする。

3 めい

両手の人差し指で目を指さす。

4 さん

両手をあげて、人差し指で上を指さす。

5 ち

両手の人差し指で下を指さす。

6 なかよしこよし

1と同様にする。

7 すいかのめいさんち

2〜5と同様にする。

8 すいかのめいさんち

2〜5と同様にする。

9 すてきなところよ

両手をあげ、左右に振る。

10 きれいなあのこの

両手をパーにし上から細かく振りながらおろす。

11 はれすがた

両手を胸の前で交差させる。

12 すいかのめいさんち

2〜5と同様にする。

13 [2番] ごが一つのあるひ

2人で向かい合って手をつなぎ、2回両足跳びをする。

14 すいかのめいさんち

2〜5と同様にする。

15 けっこんしきをあげよう

13と同様にする。

16 すいかの…めいさんち

7〜12と同様にする。

218

こんなあそび方も♪

♪野外であそぶときは

キャンプファイアーなど、野外ではみんなで輪になって踊りましょう。「♪ともだちができた」と「♪なかよしこよし」のところで、全員で手をつないで時計回りに歩きます。2番の「♪ごがーつのあるひ」では輪の中心に向かって4歩前進し「♪けっこんしきをあげよう」で外側へ4歩後退します。
「めいさんち」の「めい」は目、「さん」は太陽のSUN、「ち」は地面を表現した振り付けといわれています。

すいかのめいさんち

訳詞／高田三九三　アメリカ民謡

PART 5 季節・行事 松ぼっくり

活用シーン　散歩の前・遠足に

松ぼっくり

1 まつぼっ

右手を腰に当てる。

2 くりが

左手を腰に当てる。

3 あったとさ

腰に両手を当てたまま、首を左右に振る。

4 たかい

右手を頭にのせる。

5 おやまに

左手を頭にのせる。

6 あったとさ

頭に両手をのせたまま、首を左右に振る。

7 ころころころころ あったとさ

胸の前で、グーにした手を上下にくぐらせてまわす。

8 おさるがひろって

4回拍手する。

9 たべたとさ

顔の前に手をもっていって口を動かし、食べるしぐさをする。

こんなあそび方も♪

♪松ぼっくりを拾ったのは誰かな？
「♪こりすがひろって」「♪こぐまがひろって」など、松ぼっくりを拾った動物に想像力をふくらませてみましょう。振り付けも動物に合わせてアレンジします。

♪おさるのしぐさを工夫しよう
「♪おさるがひろって」の動作を工夫してみましょう。「♪おさるが」でおさるのポーズ、「♪ひろって」で拾うしぐさをするとわかりやすいでしょう。

楽しむためのポイント

ゆったりと優しく歌おう
1936年に作曲された歌です。発表当時から「♪あったとさ」はおとぎばなしをするように歌い、「♪たべたとさ」でだんだんと遅く、最後はしっとりと終わるようにという指示がなされていました。急がずに歌って、優しい雰囲気を演出しましょう。

松ぼっくり

作詞／広田孝夫　作曲／小林つや江

PART 5 季節・行事　松ぼっくり

0歳児 / 1歳児 / 2歳児 / 3歳児 / 4歳児 / 5歳児

やきいもグーチーパー

活用シーン 食育・遠足に

手あそび / 動きを楽しむ

1 やきいも やきいも

4回拍手する。

2 おなかが

両手でお腹を押さえる。

3 グー

両手をグーにして、前に出す。

4 ほかほか ほかほか

4回拍手する。

5 あちちの

両手の指を下に向けて小刻みに振る。

6 チー

両手をチョキにして、前に出す。

7 たべたら なくなる

4回拍手する。

8 なんにも

両手を顔の横で左右に振る。

9 パー

両手をパーにして、前に出す。

10 それ

9のポーズのまま、歌のみ。

11 やきいも まとめて

両手を交差させ大きくまわす。

12 グーチーパー

3、6、9と同様にする。

こんなあそび方も♪

♪2・3歳児は簡単な振り付けでジャンケンの動きに慣れよう

ジャンケンの「チョキ」がすばやく出せるようになるまでは、「♪グー」「♪チー」「♪パー」のところだけに振りを付けます。それ以外のところは拍手をして、まずはジャンケンの動作に慣れましょう。

♪4・5歳児は足ジャンケンに挑戦！

4・5歳児は、ジャンケンの動作を足でやってみましょう。慣れてきたら、手のジャンケンと足のジャンケンを同時にしても楽しめます。このとき、両手を前に出す（「前にならえ」のように）動きを加えると難易度があがり笑いを誘います。

楽しむためのポイント

符点のリズムを楽しんで

符点音符が続く歌なので、スキップをするための歌としても活用できます。やきいもが焼ける情景をイメージしながら、元気に弾いて歌いましょう。

PART 5 季節・行事 やきいもグーチーパー

やきいもグーチーパー

明るく弾んで　　　　　　　　　　　　作詞／阪田寛夫　作曲／山本直純　振付／阿部直美

やきいも やきいも おなかが グー

ほかほか ほかほか あちちの チー　たべたら なくなる

なんにも パー　それ やきいも まとめて グー チー パー

😊 活用シーン　保育参観に

りんごちゃん

●子どもと向かい合って座る。

1 1番 りんごちゃん　りんごちゃん

4回拍手をする。

2 まだみどり

保育者は子どもの両頬を渦巻き状になでる。

3 りんごちゃん　りんごちゃん　どんなあじ🎵（休符）

1、2と同様にし、休符で保育者は子どもの両頬をギュッと押さえる。

4 「すっぱーい」

3のまま、子どもは「すっぱーい」と言う。

5 「ほんとかな？」

保育者は子どもを指さし「ほんとかな？」と言う。

6 2番 りんごちゃん　りんごちゃん　ちょっとあかい

1、2と同様にする。

7 りんごちゃん…　「ほんとかな？」

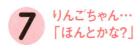

3〜5と同様にする。

8 3番 りんごちゃん　りんごちゃん　まっかっか

1、2と同様にする。

9 りんごちゃん…　「ほんとかな？」

3〜5と同様にする。

10

1〜3と同様にする。

11

保育者が「ムシャムシャムシャ」と言いながら子どもの体を自由にさわる。

12

保育者が子どもを抱きしめる。

こんなあそび方も♪

♪0・1歳児は1番と4番を
0・1歳児は、保育者の膝の上に座ってあそびます。1番の「♪どんなあじ」の後のかけあい部分は保育者が「まだすっぱいみたいね！」などと言います。その後すぐ4番を歌い、子どもをたくさんくすぐってふれあいましょう。

♪食べられないように…
2・3歳児は「とってもすっぱいよ」「まだまだすっぱいよ」など、食べられてしまわないような返事を考えてみましょう。保育者も「ほんとにほんとかな？」「あれれ？　おかしいなぁ」などと子どもたちに語りかけます。

楽しむためのポイント
導入で盛り上げよう
あそびに入る前に「〇〇ちゃんのリンゴは、こんなに大きくなりました。甘いかな？　すっぱいかな？」などと話します。4番は「♪どんなあじ」から間延びしないようにすばやく「ムシャムシャ…」と言うことがポイントです。

りんごちゃん

作詞・作曲・振付／阿部直美

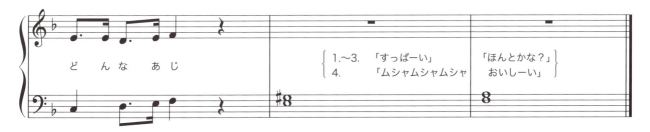

😊 活用シーン　クリスマス会に

こりすのふゆじたく

1 [1番] どんぐり

片手をグーにし、前に出す。

2 どんどん

もう片方の手もグーにし、前に出す。

3 あつめたよ

グーにした手を上下にくぐらせて右から左へまわしながら動かす。

4 こりすがいそいでふゆじたく

1〜3と同様にする。

5 おーへやいっぱい

両手を交差させ大きくまわす。

6 ギュッギュッギューッ

両手に力を入れ、右に押すしぐさを2回する。

7 ギュギュギュギューッ

6よりももっと力を入れ、右に押すしぐさを2回する。

8 ギュッギュッ…ギューッ

6・7の動きを左に行う。

9 アイヤヤ

1回拍手し、両手を右斜め上にあげて細かく振る。

10 ぼくの

1回拍手し、両手を左斜め上にあげて細かく振る。

11 ねるとこ

9と同様にする。

12 なーい [2番]

1回拍手し、両手を顔の横に出し驚くしぐさをする。2番は1番と同様にする。

こんなあそび方も♪

♪小道具で動きを華やかに

小ぶりのポンポンを木の実に見立て、これを持ってクリスマス会などで踊りましょう。7・8の「♪ギュギュギュギューッ」は膝を曲げて大きく押すしぐさをします。「♪ねるとこなーい」では駆け足でひとまわりすると、動きが華やかになります。

楽しむためのポイント
言葉の違いを意識し強弱をつけよう

リスがどんぐりを詰め込む様子をユーモラスに表現しましょう。「♪ギュッギュッギュウーッ」と「♪ギュギュギュギューッ」は次第に力を入れて大きな動作をします。「♪ギュウーッ」と「♪ギューッ」の言葉の違いに気をつけて歌いましょう。

PART 5 季節・行事

こりすのふゆじたく

こりすのふゆじたく

作詞・作曲・振付／阿部直美

0歳児 1歳児 2歳児 3歳児 4歳児 5歳児

PART 5 季節・行事

おしょうがつのもちつき

活用シーン　おもちつきに

ふたりで／わらべうた

●2人組になり、1人は「つき手」、もう1人は「合いの手」の役割をする。

1 おしょうがつの　もちつきは

4回上下に手をたたく。

2 トーン トーン トッテッタ　トーン トーン トッテッタ

Aは8回上下に手をたたく。Bは「トッ」で自分の手のひらをたたく。「テッ」でAの手をすばやくたたく。

3 トッテ トッテ　トッテッタ

Aは4回上下に手をたたく。Bは「トッ」で自分の手のひらをたたく。「テッ」でAの手をすばやくたたく。

4 おっこねた おっこねた　おっこね おっこね おっこねた

Aは8回上下に手をたたく。Bは「おっ」で自分の手のひらをたたく。「こね」でAの手のひらをこねる。

5 トッツイタ トッツイタ

Aは4回上下に手をたたく。Bは両手を合わせて「ツイ」でAの手のひらを両手の指先でつつく。

6 トッツイ トッツイ　トッツイタ

Aは4回上下に手をたたく。Bは両手を合わせて「ツイ」でAの手のひらを両手の指先でつつく。

7 シャーン シャーン

Aは2回上下に手をたたく。Bは「シャーン」でAの手の間をくぐって右で1回、左で1回拍手する。

8 シャン シャン シャン

Aは2回上下に手をたたく。Bは「シャン」でAの手の上で1回、手と手の間で1回、手の下で1回拍手する。

9 シャーン シャーン　シャン シャン シャン

7、8と同様にする。

こんなあそび方も♪

♪ハンカチをおもちに見立てて

3・4歳児は「♪トーン トーン トッテッタ」だけを繰り返してあそんでみましょう。このとき、つき手役の保育者が手のひらに折りたたんだハンカチをのせておもちに見立てると、さらにイメージがふくらみます。あそびに慣れたら、次の"こねる"動作に挑戦しましょう。

楽しむためのポイント

つき手は同じテンポを保つことが基本

もちつきの様子を表現する擬音が楽しいわらべうたです。「♪じゅうごやさんのもちつき」「♪さんがつみっかのもちつき」など、地方によっていろいろな歌詞で歌われています。つき手は最後まで同じテンポで手を動かすことが大切です。

おしょうがつのもちつき

活用シーン　節分・みんなが集まる場に

オニのパンツ

1 オニーの

両手の人差し指を立て、頭につける。

2 パン

1回拍手する。

3 ツは

片手の指を2本出す。

4 いいパンツー

両手の親指と人差し指をつけOKのしぐさをする。「パンツー」は**2**、**3**と同様に。

5 つよいぞー つよいぞー

力こぶのポーズを2回する。

6 トラーの けがわで

横にシマ模様を描くように両手を左右に動かす。

7 できているー

針を持って縫うしぐさをする。

8 つよいぞー つよいぞー

力こぶのポーズを2回する。

9 ごねーん はいても

片手の指を5本出し、パンツをはくしぐさをする。

10 やぶれないー つよいぞー つよいぞー

片手を左右に振り、否定のしぐさをする。力こぶのポーズを2回する。

11 じゅうねーん はいても

両手の指を10本出し、パンツをはくしぐさをする。

12 やぶれないー つよいぞー つよいぞー

10と同様にする。

13 はこう はこう

パンツをはくしぐさを2回する。

14 オニの

1と同様にする。

15 パンツー

2、3と同様にする。

16 はこう はこう オニのパンツ

13〜15と同様にする。

17 あなたも わたしも あなたも わたしも

人差し指で前を指さしてから自分を指さす動きを繰り返す。

18 みんなで

手のひらを下にして前に出し、体の横へまわす。

19 はこう

パンツをはくしぐさをする。

20 オニのパンツ

1〜3と同様にする。

こんなあそび方も♪

♪鬼が着ているものは…!?

鬼が身につけているものは、何でもトラの毛皮でできているとイメージをひろげます。「♪パンツ」を「♪くつした」や「♪はらまき」などにアレンジしてあそびましょう。「♪はらまき」は「♪まこう まこう オニのはらまき」と歌います。

楽しむためのポイント

パンツをゆかいにはこう

パンツをはくしぐさをユーモラスに演じると、あそびが盛り上がります。

原曲はイタリアの「フニクリ・フニクラ」という世界初のコマーシャルソングといわれている、登山鉄道の歌です。

PART 5 季節・行事 オニのパンツ

0歳児 / 1歳児 / 2歳児 / 3歳児 / 4歳児 / 5歳児

😊 活用シーン　クリスマス会に

しずかなよるに

1
1番 くるくる…けいとだま

胸の前で、グーにした手を上下にくぐらせてまわす。

2 しずかにあみます ふゆのよる

両手の人差し指を立て、編み物をするしぐさをする。

3 リスちゃんの

両手を前に出し、小さなマフラーを持つしぐさをする。

4 マフラーが

右手を左肩にのせる。

5 できました

「できまし」で左手を右肩に、「た」で首を左右に振る。

6 2番…ウサちゃんの… 3番…クマちゃんの…

1番に準じる。2番のマフラーは少し大きく、3番は全体を大きなしぐさで行う。

こんなあそび方も♪

♪最後にセリフを入れて

「♪マフラーが」を「♪てぶくろ」「♪セーター」にかえたり、曲の最後に「あったかーい」などのセリフを入れたりしても楽しいでしょう。

しずかなよるに
静かにやさしく

作詞・作曲・振付／阿部直美

PART 5　季節・行事
しずかなよるに
0歳児 1歳児 2歳児 3歳児 4歳児 5歳児

233

😀 活用シーン　入園・進級のころに

あくしゅで こんにちは

1 [1番] てくてくてくてく あるいてきて

歩きながら、相手を探す。

2 あくしゅで

相手と握手をし、その手を上下に軽く振る。

3 こんにちは

握手をしたまま、おじぎをする。

4 ごきげん いかがー

両手で相手の両肩をたたく。

5 [2番] もにゃもにゃもにゃもにゃ おはなしして

両手を口の横に当て、指を曲げたり伸ばしたり、会話をしているしぐさをする。

6 あくしゅで

❷と同様にする。

7 さようなら

❸と同様にする。

8 またまた あしたー

手を振りながら離れていく。歌を繰り返し、次の相手を探す。

こんなあそび方も♪

♪仲間探しゲームであそぼう

3・4歳児は、2の倍数ずつ用意した動物のお面をかぶります。「♪あくしゅで」で同じ動物のお面をかぶった子をみつけ、握手をします。5歳児は、同様に数字のゼッケンをつけ、同じ数字の子を探すようにしても盛り上がります。

♪保育参観で活用しよう

2歳児は、親子で手をつないで2人1組になり、いっしょに相手を探してあそびます。自然にほかの親子と交流でき、クラス内でのコミュニケーションが深まります。

楽しむためのポイント

コミュニケーションに最適

あそびながらいろいろな人とふれあうことができるので、入園や進級の時期などに最適のあそびです。運動会などで、全園児と保護者がいっしょに楽しんでもよいでしょう。

あくしゅで こんにちは

作詞／まど・みちお　作曲／渡辺 茂

235

😊 活用シーン　入園・進級のころに

あなたのおなまえは

●保育者がリーダーになり、子どもたちの前に立つ。

1 かわいい あのこは

リーダーは歌いながら1人を指さす。

2 ○○ちゃん

まわりの子どもは、指さされた子どもの名前を答える。

3 げんきな あのこは

リーダーは歌いながら1人を指さす。

4 ○○ちゃん

まわりの子どもは、指さされた子どもの名前を答える。

5 ゆかいな あのこは

リーダーは歌いながら1人を指さす。

6 ○○ちゃん

まわりの子どもは、指さされた子どもの名前を答える。

7 さあ みんなで ごあいさつ

「さあ」は歌のみ、「みんなでごあいさ」で4回拍手、「つ」でおじぎをする。

8 あなたのおなまえは… 「○○です」

リーダーは歌いながら1人を指さし、指された子どもは名前を答える。

9 あら すてきな おなまえね

全員で拍手をしながら歌う。

♪替え歌であそぼう

4・5歳児は「♪かわいい あのこは ○○ちゃん」の歌詞を自由にアレンジして歌ってみましょう。「♪かけっこ すきなこ てをあげて」「はい！」、「♪えほんが すきなこ てをあげて」「はい！」などと歌っているうちに、友だちに親しみを持つようになります。

楽しむためのポイント
名前をはっきりと

原曲はインドネシア民謡で、日本では昭和の中頃から「かわいいあの子」のタイトルで歌われました。平成に入ってから保育現場では9小節目の「♪あなたのおなまえは」から歌われるようになりました。14小節目の⌒(フェルマータ)は十分に間をとって名前をはっきり言いましょう。

PART 5 季節・行事

あなたのおなまえは

あなたのおなまえは

♩=115 楽しく元気に

作詞／不詳　インドネシア民謡

0歳児 / 1歳児 / 2歳児 / 3歳児 / 4歳児 / 5歳児

237

PART 5 季節・行事 せんせいとお友だち

😊 活用シーン　入園・進級のころに

せんせいと お友だち

1 1番　せんせいと

3回拍手する。

2 おともだち

両手をグーにし、左右に振る。

3 せんせいと

1と同様にする。

4 おともだち

2と同様にする。

5 あくしゅをしよう

両手を交差させ大きく2回まわす。

6 ギュギュギュ

保育者と握手をする。

7 2番　せんせいと おともだち
せんせいと おともだち

1〜4と同様にする。

8 あいさつしよう

5と同様にする。

9 おはよう

おじぎする。

⑩ せんせいと おともだち／せんせいと おともだち 【3番】

1〜4と同様にする。

⑪ にらめっこしよう

5と同様にする。

⑫ メッメッメッ

にらめっこする。

こんなあそび方も♪

♪保育者の名前を覚えよう

3歳児は「♪せんせいと」の部分を「♪○○せんせいと」と保育者の名前を入れて歌ってみましょう。この部分は保育者と手をつなぎ軽く上下に振ります。保育者の名前を覚えてもらうときに最適のあそびです。

♪友だち同士で歌い仲よしになろう

4・5歳児は2人組になります。ジャンケンをして、勝った子が先に「♪○○ちゃんと おともだち」と歌い、次に負けた子が「♪△△ちゃんと おともだち」と歌います。2人組になる相手をかえて何度も繰り返し、たくさんの友だちと握手をして、コミュニケーションを深めましょう。進級時など、新しいクラスになったときに活用できます。

せんせいと お友だち

作詞／吉岡 治　作曲／越部信義　振付／阿部直美

♩=126　いきいきと

😊 活用シーン　お誕生会・遠足に

バスごっこ

●椅子に座って横へ1列に並ぶ。

1 1番 おおがた バスにのってます

両手を握り、ハンドルをまわすしぐさをする。

2 きっぷを じゅんに わたしてね

8回拍手する。

3 おとなりへ ハイ おとなりへ ハイ
おとなりへ ハイ おとなりへ ハイ

両手で両膝を3回たたく。「ハイ」で隣の人の両膝を1回たたく。歌詞に合わせて、繰り返す。

4 おわりのひとは

8回拍手をしてから、休符で首を縦に2回振る。

5 ポケットに！

ポケットにしまうしぐさをする。

6 2番 おおがた… よこむいた

1、2と同様にする。「よこむいた」で横を向く。

7 ア

両手をひろげ、口をあけて驚くしぐさをする。

8 うえむいた ア

上を向き、「ア」は**7**と同様にする。

9 したむいた ア

下を向き、「ア」は**7**と同様にする。

10 うしろむいた ア

後ろを向き、「ア」は**7**と同様にする。

11 うしろのひとは ねーむった！

4と同様にし、「ねーむった！」で寝るしぐさをする。

12 3番 おおがたバスに のってます… ごっつんこ ドン… ごっつんこ ドン

1、2と同様にする。「ごっつんこ」で肘を曲げて体を左右に振り「ドン」で隣の人とぶつかる。歌詞に合わせて繰り返す。

13 おしくらまんじゅう ギュッギュッギュッ！

4と同様にし、「ギュッギュッギュッ！」で**12**の「ドン」の動きを大きく行う。

♪こんなあそび方も♪

♪指につられず反対に向けるかな？ 「あっちむいてホイ」のようにあそぼう

リーダー（保育者）がみんなの前に立ちます。「♪よこむいた」「♪うえむいた」「♪したむいた」のところで、リーダーが「あっちむいてホイ」の要領で好きな方向を指さします。みんなは「ア」と言いながら反対の方向を向きます。

楽しむためのポイント

表情豊かに強弱をつけてあそぼう

バスが軽快に走っているように体を左右に揺らしながら歌いましょう。「♪ハイ」「♪ア」「♪ドン」は表情をつけながらあそびましょう。特に「♪ア」は繰り返すうちに、びっくりするしぐさをだんだん大きくすると盛り上がります。

PART 5 季節・行事 バスごっこ

バスごっこ

作詞／香山美子　作曲／湯山 昭　振付／阿部直美

241

PART 5 季節・行事

😊 活用シーン　お誕生会・遠足に

ピクニック

1 いちとごで

片手の指を1本出し、もう片方の指を5本出す。

2 タコヤキたべて

1本をつまようじ、5本を皿に見立て、食べるしぐさをする。

3 にとごで

片手の指を2本出し、もう片方の指を5本出す。

4 ラーメンたべて

2本をおはし、5本をどんぶりに見立て、食べるしぐさをする。

5 さんとごで

片手の指を3本出し、もう片方の指を5本出す。

6 ケーキをたべて

3本をフォーク、5本を皿に見立て、食べるしぐさをする。

7 よんとごで

片手の指を4本出し、もう片方の指を5本出す。

8 アイスをたべて

4本をスプーン、5本を皿に見立て、食べるしぐさをする。

9 ごとごで

片手の指を5本出し、もう片方の指を5本出す。

10 おにぎりにぎって

両手を上下にし、おにぎりを握るしぐさをする。

11 ピクニック

両手をグーにし、走るように腕を前後に振る。

12 ヘイ

片手をグーのまま、上にあげる。

こんなあそび方も♪

♪お誕生会バージョンであそぼう

お誕生会のときにぴったりのアレンジです。歌詞の数に合わせて、指を出すところは同様にします。

1 いちとごで おはなをかざって

片手をパーに、片手は人差し指を立てて重ねる。

2 にとごで おすしをたべて

片手をパーにしてその上に片手をチョキにしてのせる。寿司を握るようなしぐさをする。

3 さんとごで スパゲティーたべて

片手をパーにして皿に、片手を3本指にしてフォークに見立て、スパゲティーを巻くしぐさをする。

4 よんとごで プリンをたべて

片手をパーにして皿に、片手を4本指にしてスプーンに見立て、食べるしぐさをする。

5 ごとごで プレゼントもらって

両手をパーにしてプレゼントをもらうしぐさをする。

6 たんじょうび ヘイ

両手を交差させひらひら振っておろし、1回拍手する。

楽しむためのポイント

いろいろなものに見立てて

「10人のよい子」（200ページ）の替え歌ですが、原曲より繰り返しが増えています。数字と動作を工夫して、お誕生会や遠足などに活用しましょう。

ピクニック

あそびのテンポで　　　　　　　　　　　作詞／不詳　アメリカ民謡

活用シーン　お誕生会に

たんじょうび

1 1番 たんたんたんたん たんじょうび

曲に合わせて、7回拍手する。

2 あたしの あたしの

両手を前に出し、軽く2回振る。

3 たんじょうび

両手を交差させ、両肩を3回たたく。

4 らん 2・3番

自由な方向に手を出し、大きく1回拍手する。2・3番は1番と同様にする。

こんなあそび方も♪

♪ 4・5歳児のお誕生会で歌ってみよう

誕生児がみんなの前に立ちます。1番は歌詞の中に誕生児の名前を入れて歌いましょう。2番は、1番と同様に、誕生児がみんなに向かって歌います。3番は全員で歌います。
最後の「♪らん」の音程に注意しましょう。

1 たんたんたんたん たんじょうび

空中に円を描くように拍手する。

2 ○○ちゃんの ○○ちゃんの

誕生児に向けて両手のひらを出し、2回振る。

3 たんじょうび らん

「たんじょう」で2回拍手。「び」で手をひらき「らん」で大きく1回拍手する。

たんじょうび

作詞／与田凖一　作曲／酒田冨治　振付／阿部直美

PART 6
ゲーム

わらべうたを中心に、集団で楽しめる曲が勢ぞろい。発達に合わせてアレンジを加えるなど、保育者や子ども同士でふれあいながら、体全体を大きく使ってあそびましょう。

PART 6 ゲーム / かごめ かごめ

● 活用シーン　外あそびに

かごめ かごめ

わらべうた

● みんなは輪になって立つ。鬼は、輪の真ん中に座って目を閉じる。

1 かごめ かごめ…
うしろのしょうめん

鬼以外の子は、手をつないで輪になり、歌いながらまわる。

2 だあれ

歌い終わったときに、鬼の真後ろにいる子が動物の鳴き声をまねる。

3

鬼は、真後ろの子が誰かを当てる。当てられた子が次の鬼になる。

こんなあそび方も♪
♪**年齢ごとにアレンジしよう**

2歳児は、保育者が鬼になり子どもの名前を当てます。
3歳児は、鬼の後ろになった子が「ニャオ、ネコです」など鳴き声とセリフを言って、鬼にヒントを与えても楽しいです。

楽しむためのポイント
声の確認をしてからあそんでみよう

あそびを始める前に「〇〇です。なわとびが好き」など、みんなで自己紹介をして声を確認し合ってから始めるのもよいでしょう。

かごめ かごめ

♩=90　あそびのテンポで　　　　わらべうた

かごめ　かごめ　かごのなかの　とりーは　いついつ　でやーる
よあけの　ばんに　つるとかめが　すべった　うしろのしょうめん　だあれ

活用シーン ふだんのあそびに

ずいずいずっころばし

● 輪になり、両手を軽く握って前に出す。保育者が親の役をする。

1 ずいずいずっころばし…おちゃわんかいたの だあ

2 れ

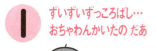

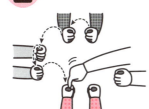

親が順番に人差し指を握った手の穴に入れる。

歌の最後に、人差し指が入っている手の人が次の親になる。

こんなあそび方も♪

♪テンポに変化をつけたり大勢であそんだり

慣れてきたら、途中でテンポを速くしたり遅くしたりしても楽しいです。2歳児は少人数であそびますが、4・5歳児は子どもが親役になり、大勢であそんでも。
5・6小節目は、日本古謡のメロディーです。

ずいずいずっころばし

活用シーン　みんなが集まる場に

おちた おちた

集団あそび / わらべうた

●リーダーとほかの子どもに分かれる。

基本のポーズ

「りんご」「けむし」「かみなり」のポーズを覚える。

1 おちた おちた

リーダーは歌いながら拍手する。

2 なにが おちた

ほかの子は歌いながら拍手する。

3 「けむし」

リーダーは「りんご」「けむし」「かみなり」のどれかを言い、ほかの子はそのポーズをとる。

こんなあそび方も♪

♪飛ぶもの、飛ばないものゲーム

「飛ぶものと飛ばないもの」をテーマにして替え歌を作ります。「♪とんだ とんだ なにがとんだ」と歌った後「飛行機！」や「電車！」などと言います。「飛ぶもの」は飛んでいるしぐさ、「飛ばないもの」は両手を膝の上にのせます。

楽しむためのポイント

はっきり歌ってかけあいを楽しもう

かけあい歌なので、それぞれが自分のパート部分をはっきり歌うことが大切です。また、リーダーは、落ちたものの名前を「りんご かみなり」など2つつなげて言ってみても。さらに慣れてきたら「けむし けむし りんご」などと3つつなげても楽しいでしょう。

おちた おちた

248　Aはリーダー、Bはほかの子が歌います。

😀 活用シーン　外あそびに

むっくりくまさん

輪になって
リズムに合わせて

●みんなは輪になって立つ。鬼は、輪の真ん中でしゃがみ、寝ているふりをする。

1 むっくりくまさん…あなのなか

鬼以外の子は、手をつないで輪になり、まわる。

2 ねむっているよ

輪の子がその場で止まり、2回鬼を指さす。

3 ぐうぐう

輪の子が2回拍手する。

4 ねごとをいってむにゃむにゃ

2、3と同様にする。

5 めをさましたら…たべられちゃうよ

輪の子は鬼に向かって、そっと4歩前進する。

6

鬼は頃合いをみて起き、輪の子は逃げる。鬼につかまった子が次の鬼になる。

こんなあそび方も♪

♪スリル満点！
クマ役が増えていく

1回目は、クマ役は1人です。次はつかまった子もクマ役になり、2人が輪の子をそれぞれつかまえるとクマ役は4人に増えます。クマの数がどんどん増えていく4・5歳児向きのあそび方です。

PART 6 ゲーム

😊 活用シーン　外あそび・みんなが集まる場に

ぞうさんとくものす

リズムに合わせて

●みんなは輪になって椅子に座る。1番目のぞうさんは輪の真ん中に立つ。保育者がリーダーの役をする。

基本のかたち

輪になり、椅子に座る。リーダーはタンブリンを持ち、輪の外に立つ。

1 　**1番** ひとりのぞうさん…あそんでおりました

ぞうさんは腰に手を当て、輪の中をのっしのっしと歩く。

2 　あんまりゆかいに…おいでとよびました

ぞうさんが1人を手招きし、その子が2番目のぞうさんとなって前に並び、2人で列になる。

3 　**2番** ふたりのぞうさん…あそんでおりました

2人のぞうさんで輪の中をのっしのっしと歩く。

4 　あんまりゆかいに…おいでとよびました

2番目のぞうさんが1人を手招きし、手招きされた子が同様に前に並び、3人で列になる。

5 　**3番** さんにんの…あそんでおりました

同様に3人で輪の中をのっしのっしと歩く。

※ 以降は、数を増やして歌う。

6 　**4番** よにんのぞうさん…

順番に数を増やして歌い、ぞうになって連なって歩く。全員が列になるまで続ける。

7 　くものすにかかってあそんでおりました

リーダーがタンブリンをたたき、子どもは急いで自分が座っていた以外の椅子に座る。

座れなかった人が、次の1番目のぞうさんになる。

0歳児 / 1歳児 / 2歳児 / 3歳児 / 4歳児 / 5歳児

250

こんなあそび方も♪

♪3歳児は保育者がぞうさん役になろう

3歳児は保育者がぞうさん役になってあそびましょう。タンブリンの代わりに保育者が「糸が切れた！ プッツン！」と言うと、みんな急いで椅子に座ります。

♪4・5歳児は屋外で走り回ってあそぼう

運動量のあるあそび方なので、4・5歳児は、椅子を使わず屋外であそぶと盛り上がります。タンブリンの音と同時に、連なっている子全員が手を離します。最初のぞうさん役の子が誰か1人をつかまえます。つかまった子が次のぞうさん役になります。

楽しむためのポイント
友だちとの関係を深めるあそび

最終的には全員がぞうさん役になるので、あそびを通して友だちとのつながりが深まります。「♪もひとりおいで」を「♪〇〇ちゃんおいで」と、名前にするとさらに親しみがわきます。

ぞうさんとくものす

急がずに　　　　　　　　　　　　　　　　　作詞／不詳　英米圏のあそび歌

1. ひとりのぞうさん　くものすに　かかってあそんで　おりました
2. ふたりのぞうさん
3. さんにんのぞうさん

あんまりゆかいに　なったので　もひとりおいでと　よびました

活用シーン　外あそびに

じごく ごくらく

集団あそび / わらべうた

● 2人組になる。1組だけ3人になり、2人が両手をつないだ中に1人が立つ。

1 じごく ごくらく…はりのやまへ

3人組の子は、つないだ両手を左右に大きく振る。ほかの2人組の子は片手をつなぐ。

2 とんでゆけ

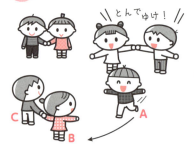

片手を離し、真ん中の子Aを外に出す。

Aはかけだし、好きな子Bと手をつなぎ、その相手だったCを中に入れる。❶、❷ を繰り返す。

こんなあそび方も♪

♪1・2歳児は膝の上で

1・2歳児は、保育者の膝の上に座り、後方から保育者が手を添えます。歌に合わせて体を左右に揺らし「♪とんでゆけ」で「たかいたかい」をしましょう。

楽しむためのポイント

歌詞に登場する言葉について知らせよう

極楽は、よいことをした人が行ける、ハスの花の咲く美しく楽しいところ。地獄は、悪いことをした人が行くところで、針の山があるところ。閻魔大王は、地獄の入り口にいる仏教の神様。とても怖い顔をしているので、どんなに悪い人でもふるえあがってしまうといわれています…などと話してからあそびに入ります。

じごく ごくらく

明るく元気に　　　　　　　　　　　　　　　わらべうた

じごく ごくらく えんまさんは こわい はりのやまへ とんでゆけ

😊 活用シーン　外あそび・みんなが集まる場に

かもつれっしゃ

1 [1番] かもつれっしゃ…つもうよ にもつ

両手をパーにひらいてまわしながら、自由にかけまわる。

2 ガッチャン！

相手をみつけて、両手を合わせる。

3 「ジャンケンポン」

ジャンケンをする。

4

負けた子は勝った子の後ろにつながり、列車になる。

5 [2番] かもつれっしゃ…ガッチャン！

列車になったまま、1番と同様にする。

6 「ジャンケンポン」

列車の先頭同士でジャンケンをし、負けた列車は後ろにつながる。最後に残った列車が勝ち。

♪椅子に座ってあそぼう

3歳児前半は、全員が椅子に座り、保育者が輪の中を歌いながら歩きます。「ガッチャン！」で手合わせをした子は、保育者の後方に連なって再び輪の中を歩きます。同じように「ガッチャン！」で人数が増えていき、次第に長い列車になります。

かもつれっしゃ

リズミカルに　　　　　　　　　　　　作詞／山川啓介　作曲／若松正司

1.2. かも つれっしゃ　しゅっしゅっしゅっ　いそげいそげ　しゅっしゅっしゅっ
こんどのえきで／そっちへゆくぞ　しゅっしゅっしゅっ　つもうよにもん／ゆずれよせん　つる ガッチャン！

😊 活用シーン　外あそび・保育参観に

花いちもんめ

●2組になり、ジャンケンでA（勝ち組）とB（負け組）を決める。

1 かってうれしい　はないちもんめ

手をつないで1列になり、向かい合う。Aが歌いながら前進し、Bは後退する。

2 まけーてくやしい　はないちもんめ

Bが歌いながら前進し、Aは後退する。

3 となりのおばさん　…わからん

歌詞に合わせて、1、2を繰り返す。

4 そうだんしよう　そうしよう

1、2と同様にする。

5 （相談する）

各組とも、それぞれ相手の組から1人を選ぶ。

6 ○○ちゃんがほしい　△△ちゃんがほしい

1、2と同様にする。

7 ジャンケンポン

各組の名前を呼ばれた子が前に出てジャンケンをする。負けた子は勝った子の組に入る。

こんなあそび方も♪

♪親子対抗であそぼう

子どもチームと保護者チームに分かれてあそびます。保護者は「♪○○ちゃんがほしい」と歌い、子どもは「♪△△ちゃんのお父さんがほしい」などと歌います。

花いちもんめ

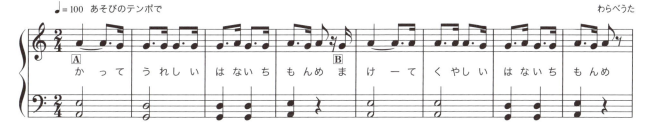

Aは勝ち組が、Bは負け組が歌います。

PART 6 ゲーム／ことしのぼたん

😀 活用シーン　外あそびに

ことしのぼたん

●みんなは輪になって立つ。鬼は、輪の外に立つ。

1 ことしのぼたんは よいぼたん

鬼以外の子は、手をつないで輪になり、まわる。

2 おみみをからげて

つないだ手を離し、両耳のそばで人差し指をクルクルまわす。

3 スッポンポン…スッポンポン

両手を上下にこすり合わせるように3回たたく。**2**、**3**を繰り返す。

4 （言葉のやりとりをする）

鬼「いれて」
ほかの子「いや」
鬼「やまにつれていってあげるから」
ほかの子「いや」
鬼「かわにつれていってあげるから」
ほかの子「いや」
鬼「いえのまえをとおったらぼうでぶつよ」
ほかの子「えー！　じゃあいれてあげる」

鬼とほかの子でやりとりをした後、鬼も輪の中に入れ、**1**〜**3**と同様にする。

5 だれかさんのうしろにへびがいる

鬼は「もうかえる」と言って輪から出ると、ほかの子が鬼の後ろに集まって唱える。

6 （言葉のやりとりをする）

鬼「ぼく?」
ほかの子「ちがうよ」
ほかの子「だれかさんのうしろにへびがいる」
鬼「ぼく?」
ほかの子「うーん、ちがうよ」
ほかの子「だれかさんのうしろにへびがいる」
鬼「ぼく?」

鬼とほかの子でやりとりをする。

7 「そう！」

ほかの子が「そう！」と答えたら鬼ごっこを始める。

こんなあそび方も♪

♪迫力あるセリフで
「♪だれかさんの…へびがいる」の後、鬼が「わたし?」と言って振り向くところの表現に変化をつけると雰囲気がかわります。たとえば迫力をもたせ「わ〜た〜し〜?」など、おどろおどろしく言ってみましょう。

♪かけあいを工夫して楽しもう
あそびに慣れたら、かけあいの部分を工夫してみましょう。鬼が「やまにつれていってあげるから」と言ったら「やまぼうずがでるからいや」など、誘いを断るセリフをみんなで考えてみましょう。

楽しむためのポイント
「♪…へびがいる」の返答数を決めておこう
あらかじめ「♪だれかさんの…へびがいる」を何回繰り返すかを決めておくことが大切です。
また6の「ちがうよ」と、7の「そう!」の言葉をはっきりと感情を込めて言うと盛り上がります。

ことしのぼたん

♩=90　急がず表情豊かに　　　　　　　　　　　　　　わらべうた

たけのこ いっぽん

活用シーン　外あそびに

●みんなは1列になる。鬼は、列から離れて、後ろに立つ。

1

1番 たけのこ いっぽん おくれ

たけのこ役の子は連なり、先頭の子が木などにつかまる。鬼は歌う。

2
まだめがでないよ
2・3番

たけのこ役の子が歌う。同様に2番、3番まで1、2を繰り返す。

3
4番 たけのこ よんほん…もうめがでたーよ

1、2と同様にする。

4
「それーっ」

鬼は、列の最後尾の子の腰を持ってひっぱる。

5

手を離してしまった子が次の鬼になる。

こんなあそび方も♪

♪チーム対抗で

2チームになり、リーダーを1人ずつ選び列から離れます。ほかの子は向かい合いしゃがんでつながります。先頭同士もしっかりつながります。各リーダーは相手チームの最後尾をひっぱります。つながったまま残っている子の多いチームが勝ちです。

たけのこ いっぽん

♩=100　会話するように　　　　　　　　　　　　　わらべうた

Aは鬼、Bはほかの子が歌います。

😊 活用シーン　外あそびに

ことろ

● みんなは1列になり、列の先頭の子が親になる。鬼は、列から離れて、前に立つ。

1 ことろことろ どのこをとろか あのこをとろか

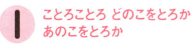

鬼以外の子は1列になって連なる。親は両手をひろげる。鬼が歌う。

2 とるなら とってみろ

親はほかの子を守り、歌いながら逃げる。鬼は最後尾の子をつかまえようとする。

3 ことろことろ

最後尾の子がつかまったら、親が鬼になり、鬼が最後尾につく。

楽しむためのポイント

「ことろ」は「子盗ろ」

「ことろ」は地獄から鬼が子を盗りに来るのをお地蔵様が両手をひろげて防ぐ姿を模したあそびです。世界各国に、ことろ形式のあそびが流布しています。

タイミングをはっきりと

おいかけっこを始めるタイミングをはっきり示すことがポイント。鬼が「それ！」とかけ声をかけると、スタートがわかりやすくなります。

ことろ

♩=84　急がずに　　　　　　　　　　　　　　　　　　わらべうた

Aは鬼、Bはほかの子が歌います。

259

PART 6 ゲーム／らかんさん

😊 活用シーン　ふだんのあそび・みんなが集まる場に

らかんさん

わらべうた

● 輪になって立つ。

1 そーろったそろった…まわそじゃないか

輪になり、それぞれが好きなポーズをする。このとき、全員が右隣の人のポーズを見ておく。

2 ヨイヤサノ

右の人の **1** のときのポーズをまねする。

3 ヨイヤサ…

右の人の **2** のときのまねをする。これを自分の **1** のときのポーズに戻るまで繰り返す。

🎵こんなあそび方も♪

♪はじめは少人数で

ルールがわかるまでは、2人組で「♪ヨイヤサノ…」の部分だけを同じポーズを2拍遅れでまねしてあそびます。慣れたら1人ずつ人数を増やしましょう。

楽しむための ポイント

少しずつ難易度をあげよう

はじめは、ゆっくりとやってみましょう。ペースをあげればあげるほど動作が混乱してしまい、このやりにくさを楽しむあそびです。

らかんさん

♩=80 歯ぎれよく　　　　　　　　　　　　　　　　　　　　　　　　わらべうた

そーろった　そろった　らかんさんが　そろった　らかんさんが　そろったら

まわそじゃ　ないか　ヨイヤサノ　ヨイヤサ　ヨイヤサノ　ヨイヤサ
（自由に繰り返す）

😊 活用シーン　ふだんのあそび・運動あそびの前に

なべなべ そっこぬけ

●2人組になり、向かい合って立つ。

1　なべなべ そっこぬけ　そっこがぬけたら

両手をつなぎ左右に大きく振る。

2　かえりま

手をつないだまま、すばやく輪の中を2人いっしょにくぐる。

3　しょう

背中合わせになる。このポーズでもう一度歌い、1では両手を振り、2で輪の中をくぐり、はじめのポーズに戻る。

こんなあそび方も♪

♪1・2歳児は膝の上で

1・2歳児は、保育者の膝の上に座り、後方から保育者が手を添えてあそびます。「♪なべなべ…かえりま」までは手拍子をとります。「♪しょう」で保育者は足をひらき、子どもをストンと床に落としましょう。

♪3～5歳児は大人とペアで

3～5歳児は、保育者や保護者と両手をつなぎます。「♪なべなべそっこぬけ」は両手を左右に振り「♪そっこがぬけたら かえりましょう」は逆上がりのようにまわります。

なべなべ そっこぬけ

あそびのテンポで　　　　　　　　　　　　　　　わらべうた

活用シーン　外あそび・遠足に

えんそくバス

集団あそび／数を楽しむ

● リーダーとほかの子どもに分かれる。保育者がリーダーの役をする。

1　1番 おおきなバスでブッブッブー…「○人のバス」

ハンドルを持って運転するしぐさをしながら自由に動く。リーダーが「○人のバス」と人数をコールしたら、その人数で集まってつながる。

こんなあそび方も♪
♪親子遠足で楽しもう
親子であそぶときには、「いっしょのバスに○人」と言ったら親子が混ざってつながり「べつべつのバスに○人」と言ったら親のバスと子のバスに分かれてつながります。

2　2番 おおきなバスでブッブッブー…「○人のバス」

人数がそろったら1番と同様にする。ただし、1番で人数になれなかった子は1人で動く（自転車に乗ってバスを追いかけるしぐさにしてもよい）。

楽しむためのポイント
数への興味につながる
「人数集まり」のゲームは、数への興味が出てくる4歳児くらいから楽しめます。3歳児は正しい人数でなくても、つながればよいでしょう。

えんそくバス　作詞・作曲・振付／阿部直美

Ⓐはリーダー、Ⓑはほかの子が歌います。

😊 活用シーン　ふだんのあそびに

フルーツバスケット

輪になって

リズムに
合わせて

●全員くだものシールをつけ、輪になって椅子に座る。鬼は、輪の中に立つ。

1
りんごにみかんにバナナ
さんじのおやつは なにたべようかな（拍手）

鬼は「りんごに…なにたべようかな」と歌い、その後全員で4回拍手する。

2
「りんご！」

鬼が「りんご！」と言うと、その子は立ち、鬼も含めてほかの椅子に座る。座れなかった子が次の鬼になる。鬼が「フルーツバスケット」と言ったら全員が席を移動する。

こんなあそび方も♪

♪みんなが座れるように
保育者が鬼になり「りんご！」と言うと、リンゴ役の子は立って移動します。このとき保育者は動かず、全員が着席できるようにします。

♪4・5歳児は鬼を2人に
4・5歳児は鬼を2人に増やしてみましょう。鬼は、あらかじめ言う果物を決めておきます。席が2つ不足するので、さらにスリリングです。

フルーツバスケット

♩=96　快活に　　　作詞・振付／浅野ななみ　作曲／おざわたつゆき

Aは鬼、Bはほかの子が歌います。

PART 6 ゲーム

😊 活用シーン　外あそびに

London Bridge Is Falling Down

●保育者が2人で手をつないで高くあげる。

1 London Bridge is falling down,…
My fair

2 Lady

保育者の手の下を、子どもが通り抜ける。

保育者は「Lady」で両手をおろし、通っている子どもをつかまえる。

♪こんなあそび方も♪

♪椅子に座ってあそぼう　椅子に座ってあそんでみましょう。最後に、右手をパー、左手をチョキのように左右で別々のジャンケンの手を出します。

1 London Bridge is	2 falling down,	3 Falling down, falling down,	4 London … down,	5 My fair	6 Lady

2回拍手をする。	2回膝をたたく。	2を2回繰り返す。	1、2と同様にする。	ひじをあげておろす。	左右で違うジャンケンの手を出す。

London Bridge Is Falling Down

♩ = 100　軽快に　　　　　　　　　　　　　　　　　作詞／不詳　イギリス民謡

264

PART 7
ダンス

軽快なリズムにのって、表現することの楽しさを感じましょう。動くところ、とめるところなど動作にメリハリをつけながら、友だちといっしょに体を動かす経験をすることが大切です。

😊 活用シーン　保育参観・運動会に

たこさん たこさん

1 【1番】 たこさん たこさん

足踏みしながら4回拍手をする。

2 こんにちは

おじぎをする。

3 たこさん たこさん

❶と同様にする。

4 りょうてをあげて

両手をひろげてあげる。

5 たこさん たこさん

❶と同様にする。

6 おしりをふって

お尻を左右に振る。

7 たこさん たこさん

❶と同様にする。

8 さようなら

❷と同様にする。

9 【2番】 たこさん たこさん こんにちは

❶、❷と同様にする。

10 たこさん たこさん かたあしあげて

❶の後で、片足をあげる。

11 たこさん たこさん りょうてをふって

❶の後で、両手を自由に振る。

12 たこさん たこさん さようなら

❶、❷と同様にする。

こんなあそび方も♪

♪保育参観では親子ペアであそぼう

2歳児は親子でペアになってあそびます。「♪たこさんたこさん」は両手をつないで軽く左右に跳びましょう。この動作だけで運動量がアップします。ほかの部分は同じように動きます。

♪3・4歳児はタコになりきって表現を

3・4歳児はテンポをゆっくりとり、より「タコらしく」動作します。「♪こんにちは」や「♪りょうてをあげて」を、腰や体をくねらせ両手をグニャグニャ振りながらあそんでみましょう。

楽しむためのポイント
長縄跳びの歌をアレンジ

本来は長縄跳びをするときの歌です。「くまさん くまさん」の曲名で歌われることもあります。子どもたちも覚えやすく、表現あそびとしても人気があり、運動会の準備体操としても使えます。

たこさん たこさん

言葉をはっきりと　　　　　　　　　　　　　　　　わらべうた

PART 7 ダンス / おつかいありさん

😊 活用シーン　保育参観・運動会に

おつかいありさん

● 子どもと向かい合う。

1 1番 あんまりいそいで こっつんこ

両手をつなぎ、ひとまわりする。

2 ありさんと ありさんと

両手の人差し指を出したまま頭に当て、左右に揺れる。

3 こっつんこ

相手と人差し指同士を合わせる。

4 あっちいって

足踏みをしながら2回拍手する。

5 ちょんちょん

相手と手のひらを2回打ち合わせる。

6 こっちきて

4と同様にする。

7 ちょん

相手と手のひらを1回大きく打ち合わせる。

8 2番 あいたた ごめんよ そのひょうし…
あっちいって ちょんちょん こっちきて ちょん

1番と同様にする。

こんなあそび方も♪

♪2歳児前半は2つの動作だけで
2歳児前半は、保育者と向かい合って座ります。両手をつないで上下に振る動作と、両手合わせの動作だけでも十分に楽しめます。

1. あんまりいそいで
2. こっつんこ
3. ありさんと ありさんと
4. こっつんこ
5. あっちいって
6. ちょんちょん
7. こっちきて
8. ちょん

♪運動会の親子ダンスに
運動会の親子ダンスとしてあそぶときは、アリの触覚をモチーフにしたお面をつけてもよいでしょう。

両手をつないで上下に振る。　　両手合わせを2回する。最後の「ちょん」は両手合わせを1回する。

楽しむためのポイント
親しみやすく軽快な歌
とても歌いやすいので、乳児から幼児まで広く親しまれている歌です。全体が符点音符なので、軽く跳ねるようなイメージで歌います。

PART 7 ダンス

おつかいありさん

おつかいありさん

作詞／関根栄一　作曲／團伊玖磨　振付／阿部直美

1. あんまり いそいで こっつんこ
2. あいたた ごめんよ そのひょうし

ありさんと ありさんと こっつんこ
わすれた わすれた おつかいを

あっちいって ちょんちょん こっちきて ちょん

活用シーン　運動会・みんなが集まる場に

チェッチェッコリ

リズムに合わせて

●リーダーを1人決め、A（リーダー）とB（ほかの子）に分かれる。

1 チェッチェッコリ（チェッチェッコリ）

Aが両手を頭の上でつけて輪にし、腰を振る。Bはまねをする。

2 チェッコリサ（チェッコリサ）

Aが両手の手首を立てて前に出し、左右に2回振る。Bはまねをする。

3 リサンサ

Aが両手で太ももを1回打つ。

4 マンガン（リサンサマンガン）

Aが肘を曲げて、両手をあげる。Bは**3**、**4**をまねする。

5 サンサ

Aが両手で太ももを1回打つ。

6 マンガン（サンサマンガン）

Aが両手を後ろに伸ばし、上半身を少し曲げる。Bは**5**、**6**をまねする。

7 ホンマン

Aが両手を胸の前で交差させる。

8 チェッチェッ（ホンマンチェッチェッ）

Aが親指以外を握って親指を立て、外側へ2回振る。Bは**7**、**8**をまねする。

こんなあそび方も♪

♪動きを減らしわかりやすくしてあそぼう

1小節につき1つの動作であそびます。「♪リサンサマンガン」と「♪サンサマンガン」の動作をシンプルにしてあそびやすくするとよいでしょう。

♪4・5歳児はスポーツ選手になりきって

少し複雑に動きをアレンジしてみましょう。野球やサッカーなど、スポーツの動作を取り入れると盛り上がります。ほかにどんな動きがあるのか、子どもたちと考えるのも楽しいでしょう。

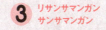

楽しむためのポイント
音の響きを楽しんで

1957年のガールスカウトの世界キャンプで歌われ、日本に伝わったガーナのあそび歌。歌詞に意味はなく、擬音です。音の響きを楽しみながら歌いましょう。

チェッチェッコリ

作詞／不詳　ガーナ曲

Aはリーダー、Bはほかの子が歌います。

PART 7 ダンス

ホーキ・ポーキ

😊 活用シーン　夏期保育・みんなが集まる場に

●輪になって、手をつなぐ。

1 1番 ラララ みぎあし だして

「ラララ」は歌い、右足を輪の中に向けて1歩出し、かかとをつける。

2 みぎあし ひっこめて

右足を輪の外に1歩出し、つま先をつける。

3 みぎあし だして

1と同様にする。

4 クルリンパッ

右足をあげ、足の先をまわす。

5 ホーキ ポーキ ダンスをみんなでおどろう

手を離し、両手を振りながら、その場でひとまわりする。

6 ララーンラランランラン

もう一度、手をつないで輪になり、時計まわりに歩く。

7 2番 ラララ ひだりあし だして…ランラン

左足にかえて、1番に準じる。

8 3番 ラララ みぎーて だして…ランラン

右手を前に出したり引いたりして、1番に準じる。「クルリンパッ」は手のひらで小さく円を描くようにまわす。

9 4番 ラララ ひだりて だして…ランラン

左手を前に出したり引いたりして、1番に準じる。「クルリンパッ」は手のひらで小さく円を描くようにまわす。

♪「ゴリラさん」の替え歌で

ゴリラのしぐさを取り入れたユニークな振り付けであそんでみましょう。ほかにもライオンやフラミンゴなど、アレンジを工夫しても盛り上がります。

楽しむためのポイント
言葉の意味を知らせよう

「ホーキ・ポーキ（The Hokey-Pokey）」には「ごまかし、手品のような」といった意味があります。

1 ラララ ゴリラさん ゴリラさん

ゴリラのように前かがみになって、のっしのっしと歩きまわる。

2 ゴリラのポーズで

頭の上とあごの下に手を当ててゴリラのポーズをする。

3 クルリン

両手をグーにして体の前でまわす。

4 パッ

顔の横で手のひらをひろげる。以降は5、6と同様にする。

ホーキ・ポーキ

あそびのテンポで

作詞／不詳　英米圏のあそび歌

活用シーン　みんなが集まる場に

アブラハムの子

●リーダーを1人決める。3番から7番は、歌詞を加えながら歌う。

1 1番 アブラハムには…さあ おどりましょう

2 みぎーて（みぎーて）

3 2番 …みぎーて（みぎーて）ひだりて（ひだりて）

「おどりましょう」までは、歌う。

リーダーが歌って右手を出したら、みんなはまねをする。2番以降も、リーダーの後、みんなはまねをする。

右手を左右に振りながら歌う。「みぎーて」で右手、「ひだりて」で左手を出す。以降、歌詞に合わせて動きをつける。

4 3番 …みぎーて ひだりて みぎあし

5 4番 …みぎーて ひだりて みぎあし ひだりあし

6 5番 …ひだりて みぎあし ひだりあし あたーま

両手を振りながら歌い、右手、左手、右足を出す。

両手と右足を動かしながら歌い、右手、左手、右足、左足を出す。

両手と両足を動かしながら歌い、4番の動きの後、頭を振る。

7 6番 …みぎあし ひだりあし あたーま こーし

8 7番 …みぎあし ひだりあし あたーま こーし まわって

9 おしまい

両手と両足と頭を動かしながら歌い、5番の動きの後、腰を振る。

両手両足、頭と腰を動かしながら歌い、6番の動きの後、その場でまわる。

両手をあげる。

こんなあそび方も♪

♪椅子に座ってあそぼう

「♪アブラハムには…おどりましょう」に振りをつけ、椅子に座って1番から6番まであそぶこともできます。

1. アブラハムには しちにんのこ
両手で7を作り左右に振る。

2. ひとりはのっぽで
両手をあげる。

3. あとはちび
両膝を3回たたく。

4. みーんななかよく くらしてる
1と同様にする。

5. さあ おどりましょう
拍手する。

アブラハムの子

訳詞／加藤孝広　外国の歌あそび曲

Ａはリーダー、Ｂはほかの子が歌います。

3番から7番は、★の部分を以下のように歌います。 **3番** みぎーて ひだりて みぎあし　**4番** みぎーて ひだりて みぎあし ひだりあし　**5番** みぎーて ひだりて みぎあし ひだりあし あたーま　**6番** みぎーて ひだりて みぎあし ひだりあし あたーま こーし　**7番** みぎーて ひだりて みぎあし ひだりあし あたーま こーし まわって

😀 活用シーン　運動会・夏期保育に

ジェンカ

●数人で1列になる。先頭は両手を腰につけ、ほかの人は前の人の肩を持つ。

1 1番 レッツ

右足を左斜め前に出す。

2 ♪（休符）

右足を元に戻す。

3 キック

1と同様にする。

4 ♪（休符）

2と同様にする。

5 げん

左足を右斜め前に出す。

6 きよ

左足を元に戻す。

7 く

5と同様にする。

8 ♪（休符）

6と同様にする。

9 レッツ

両足をそろえて前に1歩ジャンプする。

10 キック

両足をそろえて後ろに1歩ジャンプする。

11 あし あげて

両足をそろえて前に3歩ジャンプする。

12 レッツ…ピョン 2番

以降、最初から同様に繰り返す。2番は1番と同様。

♪ こんなあそび方も♪
♪ 4歳児はスローテンポで
4歳児はテンポをゆっくりにしましょう。子どもの列の数か所に保育者が間に入ると、正しいリズムで前進することができます。

楽しむためのポイント
「ヒールポイント」に挑戦
最初の「♪レッツ」の動作は「ヒールポイント」といってフォークダンスの定番の振り付けです。4・5歳児はこれをマスターしたいものです。

ジェンカ

LETKIS-JENKA (Letkis) Copyright © 1963 by: Coda Ed. Finland / Warner Chappell Music Finland Oy /
Universal Music Publishing AB Used with permission by Victor Music Arts, Inc.

ホ！ホ！ホ！

😊 活用シーン　運動会・夏期保育に

●2人組になり、向かい合う。

1 1番　たのしいメロディー

両手をつなぎ、小走りでひとまわりする。

2 わすれたときはー

手をつないだまま、その場で4回ジャンプする。

3 よんでみようよー　あおぞらにー

1、2と同様にする。

4 ホ

1回拍手する。

5 ホ

相手と右手同士を打ち合わせる。

6 ホ

1回拍手する。

7 ホ
相手と左手同士を打ち合わせる。

8 ユーレユーレ　ユーレユーレ

相手と両手を4回打ち合わせる。

9 ホホホホ…　ユーレユーレ

4〜8と同様にする。

10 かえーってくるよー

つないだ手をあげ、くぐり抜けて背中合わせになる。

11 あのメロディーがー

背中合わせの手をあげ、くぐって元通りになる。

12 ホホホホ…　あおぞらにー

4〜11と同様にする。

13 2番　あいたい…　…そのなまえー
2番は1番と同様にする。

♪ 3歳児には簡単な振り付けで

10、11の両手をつないだまま背中合わせになる動作は、お互いの意思の疎通が大切です。3歳児は、この動作を各自で右まわり1回、左まわり1回にアレンジして踊りましょう。

ホ！ホ！ホ！

明るく生き生きと　　　　　　　　　　　　　作詞／伊藤アキラ　作曲／越部信義　振付／浅野ななみ

PART 7 ダンス / アビニョンの橋の上で

😊 活用シーン　外あそび・お誕生会に

アビニョンの橋の上で

リズムに合わせて

●2列に分かれて向かい合う。2人組の子が手をつないで列の間に立つ。

1 はしのうえで たのしくうたおう

2人組の子Aは、横向きにスライドステップで進む。ほかの子は拍手する。

2 うたいながら みんなでいこう

Aは通り抜けて列の端につく。次にBが同様に列の間を進んで端につく。

3 おじさんが…くるまもとおる はしのうえで…いこう

列ごとにつないだ手を振り、その場跳びをする。「はしの…」は1、2に準じる。

こんなあそび方も♪

♪橋を通ったのは誰？

「♪おじさんがとおる…くるまもとおる」を、子どもたちは「♪だれがとおる だれがとおる…」と歌います。保育者はウサギやゾウなどのジェスチャーをしながら登場し、橋を渡るしぐさをします。子どもたちは、橋を渡ったのが誰かを当てます。

アビニョンの橋の上で

作詞／不詳　フランス民謡　振付／阿部直美

😊 活用シーン　外あそび・お誕生会に

クロススキップのうた

●2人組になり、向かい合う。

1 1番 みぎてあくしゅ ヤア こんにちは

右手と右手で握手をする。

2 ひだりてあくしゅ ヤア こんにちは

❶のまま、左手も握手をし、クロスしたかたちになる。

3 とんで とんで… カエルみたい

手をクロスしたまま、2人でスキップし、「い」で止まって顔を見合わせる。

4 はねて はねて… カエルみたい 2番

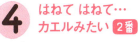

❸と同様にスキップの進む向きをかえて行う。2番は、別の子と❶と同様にする。

こんなあそび方も♪

♪スキップでひとまわり

❸で手をクロスしたまま、1人はその場に立ち、もう1人がスキップでひとまわりをします。立っている子も相手の動きに合わせて、その場で体をまわします。

楽しむためのポイント
スキップが苦手な子には

5歳児になっても、スキップが苦手な子もいます。その場合は、まず保育者とペアになり両手をクロスさせます。こうすると跳びはねた動きが子どもに伝わりやすくなり、タイミングが徐々にわかってきます。

クロススキップのうた

作詞・作曲・振付／阿部直美

PART 7 ダンス／クロススキップのうた

281

😊 活用シーン　運動会・夏期保育に

Seven Steps

●輪になって、手をつなぐ。

1 One, two, three, four, five, six, seven,

手をつないだまま、7歩進んでまわる。

2 One, two, three, four, five, six, seven,

❶と同じ動きで、❶とは反対の方向にまわる。

3 One, two, three,

輪の中心に向かって、3歩進む。

4 One, two, three,

❸の位置から3歩さがる。

5 One, two, three, four, five, six, seven,

❶と同様にする。

6 One, two, three,

❸と同様にする。

7 One, two, three,

❹と同様にする。

8 One, two, three, four, five, six, seven.

❶と同様にする。

こんなあそび方も♪

♪親子ペアでダブルサークルになって踊ろう

運動会などで、親子のペアになり子どもが内側、保護者が外側の輪（ダブルサークル）になって踊りましょう。歌の最後に1人ずつずれてペアをかえてもよいでしょう。この振り付けが原形の踊り方です。

楽しむためのポイント

英米圏で定番のフォークダンス

英米圏で広く知られているフォークダンスで、日本名は「七歩（ななほ）」といいます。「♪seven」の後の休符で動作を止めると、リズムがとりやすくなります。

Seven Steps

イギリス曲　振付／浅野ななみ

対象年齢・アイコン早見表

※対象年齢の目安を●で表示しています。パート1～3の年齢別では、「こんなあそび方も♪」を●で表示しています。

		対象年齢						種類	特長
		0歳児	1歳児	2歳児	3歳児	4歳児	5歳児		
あ	Are You Sleeping? ……160					●	●	体あそび	リズムに合わせて
	アイ・アイ ……70			●	●			保育者と	リズムに合わせて
	あかちゃんたいこ ……24	●						保育者と	ふれあい
	あがりめさがりめ ……29	●		●				保育者と	わらべうた
	あくしゅで こんにちは ……234			●	●	●	●	集団あそび	コミュニケーション
	あたま かた ひざ ポン ……166	●	●	●	●	●	●	体あそび	動きを楽しむ
	あたまのうえでパン ……84			●				手あそび	リズムに合わせて
	あなたのおなまえは ……236				●	●	●	集団あそび	コミュニケーション
	アビニョンの橋の上で ……280					●	●	集団あそび	リズムに合わせて
	アブラハムの子 ……274				●	●	●	集団あそび	リズムに合わせて
	あまだれ ぽったん ……214				●	●	●	手あそび	リズムに合わせて
	アルプス一万尺 ……144					●	●	ふたりで	リズムに合わせて
い	いちにのさん ……140					●	●	手あそび	わらべうた
	1丁目のウルトラマン ……78				●			体あそび	リズムに合わせて
	いっちょうめのドラねこ ……186			●	●	●	●	手あそび	数を楽しむ
	5つのメロンパン ……134					●		手あそび	数を楽しむ
	いっぴきちゅう ……36	●	●					保育者と	わらべうた
	いっぽんと いっぽんで ……88				●			手あそび	数を楽しむ
	1本橋こちょこちょ ……37	●	●					保育者と	わらべうた
	いっぽんばし にほんばし ……82				●			手あそび	数を楽しむ
	糸まき ……42		●					手あそび	動きを楽しむ
	いわしのひらき ……136					●		手あそび	数を楽しむ
う	うさぎとかめ ……142						●	手あそび	動きを楽しむ
え	えんそくバス ……262				●	●	●	集団あそび	数を楽しむ
お	おおきくなったら ……148					●	●	手あそび	リズムに合わせて
	大きな栗の木の下で ……168	●	●	●	●	●	●	体あそび	動きを楽しむ
	大きなたいこ ……50		●					保育者と	リズムに合わせて
	おしょうがつのもちつき ……228				●	●	●	ふたりで	わらべうた
	おせんべやけたかな ……38		●	●				保育者と	わらべうた
	おだんご ふたつ ……60			●				集団あそび	リズムに合わせて
	おちた おちた ……248				●	●	●	集団あそび	わらべうた
	おちゃらか ……143						●	ふたりで	わらべうた
	おつかいありさん ……268			●	●	●		保育者と	ふれあい
	おつむ てんてんてん ……34	●						保育者と	ふれあい
	おててを あらいましょう ……66			●				手あそび	生活習慣

あそび名	ページ	0歳児	1歳児	2歳児	3歳児	4歳児	5歳児	種類	特長
おてらのおしょうさん	194				●	●	●	ふたりで	わらべうた
おなべふ	130			●	●	●		ふたりで	わらべうた
オニのパンツ	230					●	●	体あそび	動きを楽しむ
おはぎがおよめに	54			●	●			保育者と	わらべうた
おはなしゆびさん	92				●			手あそび	リズムに合わせて
おべんとバス	124						●	手あそび	数を楽しむ
親子ドンブリ	126					●	●	手あそび	動きを楽しむ
おやすみなさい	96				●			手あそび	生活習慣
か かごめ かごめ	246			●	●	●		輪になって	わらべうた
かたつむり	213				●	●	●	手あそび	リズムに合わせて
かなづち トントン	116				●	●	●	体あそび	数を楽しむ
かみしばいのうた	89				●			集団あそび	リズムに合わせて
かもつれっしゃ	253				●	●	●	集団あそび	動きを楽しむ
カレーライスのうた	196	●	●	●	●	●	●	手あそび	リズムに合わせて
き きつねのおはなし	114				●	●	●	手あそび	動きを楽しむ
木登りコアラ	122				●	●	●	手あそび	リズムに合わせて
キャベツのなかから	112			●	●			手あそび	リズムに合わせて
キャベツは キャッキャッキャッ	62			●	●			手あそび	リズムに合わせて
きんぎょちゃんと メダカちゃん	110					●	●	体あそび	動きを楽しむ
く くいしんぼゴリラのうた	108					●		ふたりで	動きを楽しむ
グーチョキパーでなにつくろう	202					●	●	手あそび	動きを楽しむ
くもちゃん ゆらゆら	132						●	手あそび	リズムに合わせて
クロススキップのうた	281					●	●	集団あそび	コミュニケーション
け げんこつやまのたぬきさん	176	●	●	●	●	●	●	ふたりで	わらべうた
こ ことしのぼたん	256					●	●	集団あそび	わらべうた
こどもとこどもが	174		●	●	●	●	●	手あそび	わらべうた
こどものけんかに	52			●				手あそび	わらべうた
ことりのうた	206	●	●	●	●	●	●	手あそび	リズムに合わせて
ことろ	259					●	●	集団あそび	わらべうた
コブタヌキツネコ	58			●	●			集団あそび	動きを楽しむ
こりすのふゆじたく	226				●	●	●	体あそび	リズムに合わせて
こりゃ どこの じぞうさん	49		●					保育者と	わらべうた
これくらいの おべんとばこに	172		●	●	●	●		手あそび	わらべうた
ころりんたまご	44		●	●				保育者と	動きを楽しむ
ごんべさんの赤ちゃん	175			●	●	●		手あそび	リズムに合わせて
さ さあ みんなで	118					●	●	集団あそび	コミュニケーション
さかながはねて	94				●			体あそび	リズムに合わせて
し 幸せなら手をたたこう	198				●	●	●	集団あそび	数を楽しむ
ジェンカ	276					●	●	集団あそび	リズムに合わせて
じごく ごくらく	252		●	●	●	●	●	集団あそび	わらべうた

対象年齢・アイコン早見表

	ページ	0歳児	1歳児	2歳児	3歳児	4歳児	5歳児	種類	特長
しずかなよるに	233				●	●	●	手あそび	リズムに合わせて
じゃがいも 芽だした	138				●	●	●	ふたりで	わらべうた
10人のよい子	200		●	●	●	●	●	手あそび	数を楽しむ
す すいか	217	●	●	●	●			保育者と	ふれあい
すいかのめいさんち	218					●	●	集団あそび	動きを楽しむ
ずいずいずっころばし	247			●	●			輪になって	わらべうた
ずくぼんじょ	212	●	●	●				体あそび	わらべうた
せ Seven Steps	282				●	●	●	輪になって	リズムに合わせて
せんせいと お友だち	238				●	●	●	集団あそび	コミュニケーション
そ ぞうきんつくろう	56	●	●	●				保育者と	ふれあい
ぞうさんとくものす	250				●	●	●	集団あそび	リズムに合わせて
そらにかこう	77				●			体あそび	動きを楽しむ
た だいくのキツツキさん	146					●	●	体あそび	リズムに合わせて
たけのこ いっぽん	258				●	●	●	集団あそび	わらべうた
竹やぶのなかから	154				●			ふたりで	わらべうた
たこさん たこさん	266			●	●			体あそび	わらべうた
たまごで おりょうり	128						●	手あそび	リズムに合わせて
たまごのうた	184	●	●	●	●			手あそび	動きを楽しむ
だるまさん	39	●	●	●	●			保育者と	わらべうた
たんじょうび	244				●	●	●	集団あそび	動きを楽しむ
ち ちいさなにわ	208	●	●	●	●	●	●	体あそび	動きを楽しむ
ちいさなはたけ	68				●			手あそび	動きを楽しむ
チェッチェッコリ	270					●	●	体あそび	リズムに合わせて
ちっちゃないちご	204	●	●	●	●	●	●	手あそび	リズムに合わせて
茶ちゃつぼ	131					●	●	手あそび	わらべうた
茶つみ	210						●	ふたりで	リズムに合わせて
ちょち ちょち あわわ	25	●						保育者と	わらべうた
て ててて	74			●	●	●		手あそび	生活習慣
手をたたきましょう	182			●	●	●	●	体あそび	動きを楽しむ
てを たたこう	102					●		手あそび	数を楽しむ
てんぐのはな	95				●			手あそび	リズムに合わせて
でんでら りゅうば	157						●	手あそび	わらべうた
と Twinkle,Twinkle, Little Star	98			●	●	●		体あそび	リズムに合わせて
とうさんゆび どこです	72			●				手あそび	コミュニケーション
どこでしょう	76			●				輪になって	コミュニケーション
どっちひいてポン	156						●	ふたりで	リズムに合わせて
とんでけバイキン	67			●				手あそび	生活習慣
とんとんどなた	40		●					保育者と	わらべうた
トントントントンひげじいさん	190	●	●	●	●	●	●	手あそび	リズムに合わせて
な なぞなぞむし	120					●		手あそび	動きを楽しむ

	あそび名	ページ	対象年齢						種類	特長
			0歳児	1歳児	2歳児	3歳児	4歳児	5歳児		
	なっとう	103					●		体あそび	リズムに合わせて
	なっとうとうさん	46	●	●					保育者と	ふれあい
	なべなべ そっこぬけ	261		●	●	●	●	●	ふたりで	わらべうた
	奈良の大仏さん	104					●	●	手あそび	数を楽しむ
に	にんぎ にんぎ	32	●	●	●				保育者と	わらべうた
	にんどころ	26	●						保育者と	わらべうた
の	のねずみ	80				●			手あそび	数を楽しむ
は	はじまるよったら はじまるよ	90				●			手あそび	数を楽しむ
	バスごっこ	240				●	●	●	集団あそび	ふれあい
	はちべえさんと じゅうべえさん	106					●		手あそび	わらべうた
	鳩	35	●	●					保育者と	リズムに合わせて
	花いちもんめ	254					●	●	集団あそび	わらべうた
	ハナハナあそび	28	●						保育者と	ふれあい
	パンダうさぎコアラ	180			●	●	●	●	体あそび	動きを楽しむ
	パンやさんにおかいもの	178	●	●	●	●			ふたりで	ふれあい
ひ	ピクニック	242					●		手あそび	数を楽しむ
	ひとつの指で できること	86					●		手あそび	数を楽しむ
ふ	フルーツバスケット	263				●	●	●	輪になって	リズムに合わせて
へ	Head, Shoulders, Knees and Toes	158					●		体あそび	リズムに合わせて
	ペンギンさんのやまのぼり	41		●					保育者と	ふれあい
ほ	ぼうずぼうず	31	●						保育者と	わらべうた
	ホーキ・ポーキ	272				●	●	●	輪になって	リズムに合わせて
	ホ!ホ!ホ!	278				●	●	●	集団あそび	リズムに合わせて
ま	松ぼっくり	220			●	●	●		体あそび	動きを楽しむ
	まねっこはみがき	216		●	●				手あそび	生活習慣
	まほうのつえ	64			●	●	●		手あそび	動きを楽しむ
み	みかんの花咲く丘	152					●	●	ふたりで	リズムに合わせて
	みんないいこ	48		●					保育者と	ふれあい
む	むすんで ひらいて	170		●	●	●	●	●	手あそび	リズムに合わせて
	むっくりくまさん	249				●	●	●	輪になって	リズムに合わせて
も	もじょもじょかいじゅう	43		●					保育者と	ふれあい
	桃太郎	150						●	ふたりで	リズムに合わせて
	もものはなさいた	30	●						保育者と	わらべうた
や	やおやのおみせ	188				●	●	●	体あそび	リズムに合わせて
	やきいもグーチーパー	222			●	●	●	●	手あそび	動きを楽しむ
	山ごや いっけん	192				●	●	●	手あそび	動きを楽しむ
ら	らかんさん	260					●	●	輪になって	わらべうた
り	りんごちゃん	224	●	●	●	●			保育者と	ふれあい
ろ	Row, Row, Row Your Boat	100				●	●		ふたりで	リズムに合わせて
	London Bridge Is Falling Down	264			●	●			集団あそび	コミュニケーション

編著 阿部(あべ) 直美(なおみ)（乳幼児教育研究所）

瀬戸市はちまん幼稚園園長、聖心女子大学講師を経て、乳幼児教育研究所所長。手あそび歌などの作詞・作曲、NHK 子ども番組の企画、幼児向け DVD や CD の企画・制作などを手がけている。「さくらともこ」のペンネームで絵本作家としても活動。
著書に、『CD 付き 0～5 歳児の楽しくふれあう！わらべうたあそび 120』、『0～5 歳児の保育に役立つ かんたん！楽しい！手作りおもちゃ』（ともにナツメ社）、『グリーンマントのピーマンマン』シリーズ（岩崎書店）、CD「阿部直美のベストヒット 手あそび歌あそび 全5巻」（日本コロムビア）などがある。

STAFF

カバー・本文デザイン ★ 瀬上奈緒
カバーイラスト ★ 上原ユミ
本文 DTP ★ 有限会社ゼスト
本文イラスト ★ 浅羽ピピ、石崎伸子、上原ユミ、くるみれな、鹿渡いづみ、つかさみほ、中小路ムツヨ、みさきゆい
編　曲 ★ 平沼みゅう
楽譜浄書 ★ ロビン・ワーク
資料提供 ★ 乳幼児教育研究所、中谷真弓
編集協力 ★ 株式会社スリーシーズン、植木由紀子
編集担当 ★ 遠藤やよい（ナツメ出版企画株式会社）

●文中に、掲載した方々のお名前は敬称を略させていただきました。

ナツメ社Webサイト
https://www.natsume.co.jp
書籍の最新情報（正誤情報を含む）はナツメ社Webサイトをご覧ください。

本書に関するお問い合わせは、書名・発行日・該当ページを明記の上、下記のいずれかの方法にてお送りください。電話でのお問い合わせはお受けしておりません。
・ナツメ社 web サイトの問い合わせフォーム
https://www.natsume.co.jp/contact
・FAX（03-3291-1305）
・郵送（下記、ナツメ出版企画株式会社宛て）
なお、回答までに日にちをいただく場合があります。正誤のお問い合わせ以外の書籍内容に関する解説・個別の相談は行っておりません。あらかじめご了承ください。

保育(ほいく)で役立(やくだ)つ！ 0～5歳児(さいじ)の手(て)あそび・うたあそび

2016 年 4 月 4 日　初版発行
2024 年 5 月 1 日　第14刷発行

編　著　阿部直美(あべなおみ)
発 行 者　田村正隆

©Abe Naomi, 2016

発行所　株式会社ナツメ社
東京都千代田区神田神保町 1-52　ナツメ社ビル 1F　（〒101-0051）
電話　03-3291-1257（代表）　FAX　03-3291-5761
振替　00130-1-58661
制　作　ナツメ出版企画株式会社
東京都千代田区神田神保町 1-52　ナツメ社ビル 3F　（〒101-0051）
電話　03-3295-3921（代表）
印刷所　図書印刷株式会社

ISBN978-4-8163-6009-1
Printed in Japan

〈定価はカバーに表示してあります〉〈乱丁・落丁本はお取り替えします〉
本書の一部または全部を著作権法で定められている範囲を超え、ナツメ出版企画株式会社に無断で複写、複製、転載、データファイル化することを禁じます。
JASRAC 出 1601979-414